リフレクション入門

The Book of Reflection

一般社団法人
学び続ける教育者のための協会
（REFLECT）
編

坂田哲人・中田正弘・村井尚子
矢野博之・山辺恵理子

学文社

はじめに

　あなたは，"リフレクションする"ことは得意ですか？
　それは"思い出す"ことではありませんか？
　それとも，徹底的に反省を重ね，自身にダメ出しをしてきましたか？

　"リフレクション"をしてください，と求められたとき，私たちはいったい何をするでしょうか？

　今までの仕事，業務，学習，練習，日常的な生活の中でさまざまに日々あなた自身が挑んだ何かを，うまく自分の"糧"にできていますか？

　後輩に，部下に，生徒に，どうやって"リフレクション"を促してきましたか？　そのために，どんな工夫や苦心をしてきましたか？

　私たち「REFLECT：学び続ける教育者のための協会」は，そんな"リフレクション"を，自分自身のために，そしてだれかのために活かそうとするみなさんと，ともに考え，もっとうまくなっていこうと集まった有志です。それぞれ，人材開発や教育哲学，教科指導や教育方法などの研究歴を背景に，教師教育の領域で集った研究者仲間です。
　そんな私たちが出遭ったのはオランダのフレット・コルトハーヘン（Fred Korthagen）教授でした（現在は，ユトレヒト大学名誉教授）。それから，日本やユトレヒトで，ときにはソウルでお目にかかり，幾度となく彼の研修を受け，彼に学んできました。それが「リフレクション」です。

　「リフレクション」に相当するものとしては，日本では，古くから，"振り返り"ということばが，さまざまな分野や領域で使われていて，言ってみれば馴染みのあることばでした。また，「反省」ということばもまた，同じような文脈で，よく扱われてきた馴染みのあることばでしょう。
　しかし，私たちが，本当の意味で自分自身のために，自分の経験や学びを"振り返り"，自分の糧にするためには，さらに何かが必要だったと言わざるをえません。
　"振り返り"ということばにはじまり，反省や省察，さらには，その読みとしての"せいさつ"か"しょうさつ"か，はたまた，リフレクション（reflection, reflexion）か，メディテーション（meditation）か。日本人にとっての"振り返り"の周辺には，たくさんの語や定義にまつわる議論があふれています。

そこで，私たちは，私たちが学び，追究してきたリフレクションを，コルトハーヘン先生との関わりで得られたことを中心に，私たちなりにまとめておくことにしました。

　そのためには，私たちの触れてきたリフレクションがどのような位置づけにあるかを確かめる必要がありました。その観点から，本書では，コルトハーヘン理論を話題の中心に据えながらも，幅広くリフレクションについて触れ，まとめています。

　コルトハーヘン理論を中心に据える本書は，リフレクション入門とはいうものの，リフレクションについての一つの学派の考えと実践を記すものかもしれません。けれども，それはたしかに，2010年代の日本の，教育や看護，保育やスポーツ，企業の人材育成等々，さまざまな分野領域に大きな刺激を与えた新風だったといえるでしょう。

　私たちの学びを，こうして"振り返り"，私たちの糧にするために，形に残し，そして，また，みなさんとともにこれからも深めていけたら幸いです。

一般社団法人 学び続ける教育者のための協会　一同

凡例にかえて

　本文中でも触れられていますが，昨今においてはリフレクションという概念や，用いられる用語などについては，さまざまにバリエーションが広がってきています。

　加えて，分野という視点でも，リフレクションの叡智に恩恵を受けるのは，学校教育の分野にとどまらず，保育・看護・福祉・スポーツ・芸能など多岐にわたります。また，そこで求められる役割も，育成や養成，コーチやファシリテーション等，広く多様な業界や領域，場面や関係性など，ひとがまなぶことに関わるあらゆるところだと考えられます。

　それぞれの場面におけるひとの立場や関係は，それぞれの領域・分野で多様に呼ばれます。そこで，より平易な表記で説明しようと，リフレクションを相手に促す立場を便宜上，「**教育者**」と呼ぶことにしました。

　そこで，「教育者」は，業界や場面によって，教師や保育者，指導者やコーチ，ファシリテーターといったそれぞれの役割で登場することになります。また，リフレクションの対象となる場面のことを，本書では「**教育実践**」と呼んでいます。それは学校では授業場面でしょうし，幼稚園や保育施設では保育実践の場面だといえるでしょう。同様に，企業では研修場面かもしれませんし，日常的に上司が部下に接する場面であるかもしれません。そしてそういった場面で対峙する相手のことを「**学習者**」としました。それは場面によって，研修の参加者かもしれませんし，授業や講義の生徒かもしれません。

　それぞれの立場で，これらの「教育者」「教育実践」「学習者」という言葉を皆さんが普段用いている言葉に置き換えて読み進めていただけると幸いです。

刊行によせて

フレット・コルトハーヘン
(Prof. Dr. Fred Korthagen)
オランダ，ユトレヒト大学名誉教授
2018年6月

　教育の変容を告げようとするこの本に，こうして序文を寄せることを嬉しく思います。「リフレクション」の考え方は，自己指向学習を促進するための手段として世界中で重要視されてきました。この本の執筆メンバーが，学習や個人的成長に不可欠なものであるリフレクションの国際的な知見を，日本へ紹介しようとおおいに尽力してくださったことに感謝します。

　「振り返り」という言葉が日本ではよく知られているようですが，ここでいうリフレクションとの根本的な違いを理解することがまずは重要でしょう。リフレクションは，単なる振り返りをはるかにしのぐものです。リフレクションのゴールは，その状況で何が本質的であるかをわかるようになることで，その先の行動がより効果的になるよう経験から学ぶことなのです。この意味で，「こっちはよくて，そっちはダメだった」といった単なる評価や判断のもっと先にあるものなのです。リフレクションとは，ひとが文脈に合った新しい振る舞いを形にしていくことができるように，状況それぞれの根底にある原則を理解しようとする試みを意味しています。つまり，リフレクションは意味のある学びにつながるものなのです。

　とりわけ，リフレクションは教師にとって重要ですが，それは若い世代の成長や発達に教師一人ひとりが重要な役割を果たすからです。教師はひととして，この発達のプロセスのカギとなる一部ですから，自分自身を改善し続けることが重要になります。そこで，教師として，あなたの個人的な信念や行動パターンが，仕事で果たす役割に気づくことが重要です。たとえばリフレクションは，次のような質問で焦点を当てます。「教師としての"私"は何者ですか」「私の役割は何ですか」「この役割を私はさらにどう発展させたいのですか」「私はどう生徒や学校をよくしていますか」　こういったリフレクションは，そのひとの専門職としてのアイデンティティの発達を目指すものなのです。

　リフレクションはまた，自分のアイデンティティを確認しよう／形にしようとしている学生にとっても重要です。経験から学ぶ力を育てることは，学生の将来の成長にとって不可欠であり，教育の必要な部分を形づくります。学生がひととしての自分の強みに気づくようになると，仕事やプライベートでの生活の中で，よりちゃんとした選択ができるようになります。

　リフレクティブな学びの全体観は，教師と学生のどちらにとっても，ここでいう「リフレクション」が何を意味するのか，そしてリフレクティブなプロセスの特徴を明確につかむのに役立つことでしょう。この本の重要性は，「リフレクションとは何か」，「リフレ

クションはどのようにできるのか」,「どのようにリフレクションをサポートしうるのか」といった疑問に徹底的に答えてくれて，その明確さを与えてくれるところにあります。

　リフレクションは個人の学びと成長を助けてくれますが，いつも個々人でのプロセスである必要はなく，複数名での共同作業のプロセスで行うこともあります。他のだれかと一緒に，あるいはグループでリフレクションをすることは，非常に刺激的です。共同で行うときは，参加者は，ある状況で起こったことについての説明を交換し合い，"ではどうするのか"を一緒に考え出していくことができます。

　リフレクションにますます重点が置かれてきているのは，単なる一現象ではありません。それは教育の2つの傾向に沿ったものです。第1の傾向は知識についての見方の変化に関係しています。新しい知識が急速に発展し，今日の知見があっという間に時代遅れになる現代において，人々は新しい状況に適応し，新しい経験から学び，新しい知見そのものを形づくっていくことが不可欠です。したがって，有意味な学習のただひとつの源泉という意味での知識の伝達は，もうありえません。今日の世界では，学習者は自分の知見を形づくることができなければなりませんし，だからこそ，自己指向学習の能力を開発しなければなりません。

　第2の傾向は，チームワークとしての学びと開発の視点の拡大です。それぞれの学問分野や各業界で，新しい知識やソフトウェアを開発するためには，通常，チームとしての努力が必要です。人々は協力し，リフレクトし，一緒に学ぶことができなければならないというわけです。

　日本におけるリフレクションへの注目は，文化的変化でもあるかもしれないので，教育的な文脈を超えた変化を示すことになるかもしれません。だれかが語ったことをコピーすることに重きを置くのではなく，自分自身で見方や知見を形づくることを推すことは，社会にとっても非常に有益となります。コラボレーション，共同的な学習，リフレクションを重視することによって，未来への新たな扉が開くのです。

　私は，これまでの私の仕事やビジョンを，この"革命的"な本書の著者たちが扱ってきてくれたことを誇らしく思いますし，多くの読者がこの本の恩恵を受けることを願っています。『リフレクション入門』は，人の価値を尊重する，教育の新しいアプローチへと読者のみなさんを誘うことでしょう。このアプローチはインスパイアされると同時に挑戦的です。私たちみんなが，未来と私たち自身の役割について責任を負うことを求められる，世界の一部分なのです。リフレクションは私たちがその責任を取る助けとなってくれる重要な手段です。だからこそ，この本が日本の教師や学生が高度な自己認識のできる人間へと向かっていくのに役立つことを願っています。リフレクションを通して，私たちは，互いにこの世界のどこで暮らしていようとも，同じ奮闘と希望を共有している限り，みんなつながっているのだと，あらためて見出すことでしょう。

目　次

はじめに　　i
刊行によせて　（フレット・コルトハーヘン）　　iii

1部　コルトハーヘン理論を読み解く

1.1　リフレクションとは何か　2

　1　私は何者か—教育者自身への問い合わせ　2
　2　リフレクション概念の広がり　4
　3　リフレクションとは何か　8

1.2　コルトハーヘンのリフレクションの方法論　12

　1　頭でっかちにならないリフレクションのススメ　13
　2　身になる知識は，いつだって「主観的」で「経験的」　18
　3　未来を見据えるために，「自己」と「強み」をみる　23

1.3　コルトハーヘンのワークショップ　28

　1　コルトハーヘンとリアリスティック・アプローチ　28
　2　コルトハーヘンのワークショップ　28
　3　リアリスティック・アプローチと教育者の役割　35

2部　リフレクション・ワーク　実践編

2.1　ALACTモデルを活用したリフレクション　38

　1　理論を学ぼう　39
　2　やってみよう！　ALACTモデルの活用　42

2.2　「8つの問い」を活用したリフレクション　46

　1　理論を学ぼう　47
　2　やってみよう！①　「8つの問い」を埋める　48
　3　やってみよう！②　「8つの問い」で同じ場面を見る　51

2.3　グループ協同で取り組むアクション・リサーチ型リフレクション　54

　1　理論を学ぼう　55
　2　やってみよう！　アクション・リサーチ型リフレクションの活用　57

2.4 イメージカードを活用したリフレクション　62
1　理論を学ぼう　63
2　やってみよう！　イメージカードの活用　64

2.5 カードを用いたリフレクション　70
1　理論を学ぼう　70
2　やってみよう！　未来の私を語る　72

2.6 書くことによるリフレクション　77
1　理論を学ぼう　77
2　やってみよう！　教育的契機の記述　78

2.7 ヒーロー・インタビュー　85
1　理論を学ぼう　86
2　やってみよう！　実習から戻った学生へのリフレクション　88

2.8 レンジャーズ・ワーク　93
1　理論を学ぼう　94
2　やってみよう！　活躍するチームをつくるためのリフレクション　97

2.9 リフレクションのワークの実施に向けて　101
1　理論を学ぼう　101
2　ワークの準備・立案　103
3　ワークの設計　105
4　環境の設定　106
5　ワークの実践　107
6　フォローアップに代えて　109

おわりに　110
引用文献　114
索　引　116

1部 コルトハーヘン理論を読み解く

1.1 リフレクションとは何か

1　私は何者か──教育者自身への問い合わせ

　私たちは，自分自身のことをよくわかっているようであっても，いざ「あなたは何者か」という問いに対して，すぐに応えることはなかなか難しいものです。

　「リフレクション（reflection）」は，「反映する」「反射する」が第一義的な訳です。ただ，本書のようにひとのあり方に関わる場合には「熟考する」「省察する」というような訳があてられます。それは，「リフレクションする」ということ，つまり，あるところに映し出される自分自身の姿を見ることを通じて，私がどのような自分なのかを知るという一連のことが，熟考することや省察することにつながるという考えからでしょう。

　自分自身の外見についてならば，鏡面に映った姿を見ればわかるでしょうが，一方で，自分自身の考えや想い，価値観などを「映し出す」ことは，あまり慣れたことでも，簡単なことでもありません。どのようにしたらそうした自分自身の内面を映し出すことができるのか，そのことによって私たちは何を得ることができるのか，という問いが長年追究されてきています。

　オランダの著名な教師教育研究者である，**フレット・コルトハーヘン**（Fred Korthagen）は，自身の論文*において，教師自身の「ひととなり」のあり方が，今後の教育にとってより重要な要素になっていくだろうという趣旨の内容を述べています。

　さまざまな教育実践が積み重ねられ，それを多様な視点から解釈，理論づけを行いつつ，さらによい実践を積み重ねていくことが求められています。いかによい教育実践をするか，つまり教育者が「何をするか」に注目が集っているなか，こうした「教育者自身のあり方」そのものに注目するのは，その流れに沿わないことのようにも感じられます。

　コルトハーヘンは，この流れを意識するように論文の題名において"Inconvenient truth about teacher learning"「教師の学習（成長）に関する不都合な真実」という述べ方をしています。

　この「不都合さ」が何を示しているかの解釈を試みると，教育実践を支えている要素を追求するほど，「どの教育者がそれを実践しているか」がより鮮明に浮き彫りになるということだといえます。わかりやすくいうならば，ある2人の教育者が，同じような場面でまったく同じように見える

■フレット・コルトハーヘン
Fred Korthagen (1949-)

オランダ出身の著名な教師教育研究者で，その功績はアメリカ教育学会（AERA）などで表彰されている。

＊Korthagen (2017)

教育的実践を行ったとしても，同じような結果が得られるとは限らず，その差は教育者のあり方が関連しているのではないか，ということです。

あるべき教育者像を追い求めて

この実践の個人差という問題に向き合うために，私たち教育関係者は当初，よい実践とされるものを詳細に分析するとともに，よくない実践とされるものとの違いを解明し，専門的な知識と技術を身につけていくことが必要ではないかと考えていました。

しかし，**ドナルド・ショーン**は，専門的な知識を用いて問題解決を導くことができることが専門性であるという考え方（これを「技術的合理性モデル（the model of technical rationality）」といいます）を追究すればするほど，その専門性に特化してしまい，その想定を超えたことへの対応が難しくなるという問題点を指摘し，リフレクション・イン・アクション（Reflection-in-Action）への必要性を説いています。

その主張をもとに考えると，たとえ2人の教育者が，それぞれ細かいところまでまったく同じように所作ができたとしても，一方で，そこには「実践」という要素によって，同じような経過や結果となることはほぼありえず，むしろ，その実践の違いに柔軟に対応することが必要だということです。実践には，その場になってみないとわからない不確実性があり，教育者自身のありようという要素にも加えて，子どもたちや，教室の環境，あるいは天気や気温などに至るまで影響する要素はたくさん存在しています。これらの要素すべてに対して，技術的合理性で対処していくことはほぼ不可能であると考えられます。

そこで，この考え方を超えて，状況に応じて意味のある教育的実践をしていく教育者という，あらたな教育者像が求められるようになりました。

あらかじめ設定された目標に向けて，計画された手順を理想的な方法で忠実に実行していくということだけでなく，その場の子どもの状況を読み取りながら，もちうるレパートリーから適切なものを選び出していくという教育者の姿です。レパートリーの広さこそがよい実践者となる目標ともなっていました。「レパートリーの広さ」とは，「引き出しの多さ」ともいえるものです。選択肢を多くもっていることが，起きうるさまざまな場面への対応力につながるという考え方です。

しかしながら，そのように多くの引き出しをもっていたとしても，その場での状況判断が適切でなければ，どの引き出しを開ければよいかの判断も適切ではなくなってしまうことに気づきます。そこで，たくさんもっている引き出しの中で，今はどの引き出しを開けなければならないかという判断力が求められることになります。ただ，実践の場面における状況の判断を適切に行うことは容易ではありません。教室における実践場面は，教

ドナルド・ショーン
Donald Schön (1930-1997)

日本では，「反省的実践家（Reflective Practitioner）」の提唱者として知られ，リフレクションを通じた専門職の学習理論が紹介されている (The Reflective Practitioner - How Professional Think in Action (1983))。それ以前の1970年代においては，アージリス（Chris Argyris）と組織学習（Organizational Learning）に関する研究にも取り組み，組織・経営学者としても著名である。*Theory in Practice* (1974)や*Organizational Learning II* (1995)などがそのころの代表作とされる。

育者側の意図や，子どもたちの理解，子どもたちの関係性など，相互が絡み合うダイナミックな動きから成るものであり，多様な要素が絡み合っているからです。

このようなとき，リフレクションは状況を読み取るための手助けとなります。ある行いについて，後になってそのことを改めて想起し（振り返り），その場面でどのようなことが起きていたのかを整理することで，どの引き出しを開けるのが適切かを確認することができるでしょう。ただ，その場面の事実関係を確認するだけでは，リフレクションの営みとしては不十分な面があります。それは，その状況の中に自分自身を反映することができていないためです。この点について次節で引き続き検討を進めます。

2　リフレクション概念の広がり

「リフレクション」とは，省察，内省などとも訳されますが，これまでも長きにわたり研究と議論が行われ，また教育の分野だけではなくさまざまな業種・分野で用いられてきている用語です。そのため必ずしも同一の意味・概念で使用されているわけではありません。したがって，上述の「リフレクション＝状況を適切に読み取ること」という考え方は，あくまでもリフレクションが指し示す意味のひとつであり側面であるととらえたほうがよいでしょう。

「状況を適切に読み取る」ことを掘り下げて考えていくことは，必ずしも容易なことではありません。なぜならばその場で何が起こっているかを突き詰めていくには，「自分自身というプレイヤー」も含めて読み取る必要があるからです。まさにその場で実践しており，自分自身が主体となって動いている際には，なかなかこうした視点をもつことが難しいものです。しかし，自分自身がどのような行為をし，それが他者にどのような影響を及ぼしたのかということを把握することは，その行いの意味づけをしていくために欠かせない視点です。先にも紹介しましたが，ショーンは，このことをリフレクション・イン・アクションという言葉で表現し，熟達した専門家は，行為の中にもそうした視点をもつことができると述べています。また，佐伯胖ら（2018）によると，このリフレクション・イン・アクションのインがもつ意味は，必ずしも「行為中の（＝その場で）」ということではなく，行為そのものに焦点をあてていると解釈すべきと述べています。つまり時制の問題ではなく，とらえる範囲，視野が問題になっているのだという指摘です。専門家が熟達していく過程で，行為の源泉となる知識・技術が暗黙知化されるために，次第にその行為の枠組み自体が疑われなくなることを改めて疑うということにリフレクション・イン・アクションの意義があります。つまり，私がその時どのようなつもりでその行為を行い，

そしてそのことをリフレクションしている今の私がどのような思考や価値観でその状況を読み取っているのかという全体状況が，リフレクションすべき対象となるわけです。

　カナダの教育学者であり現象学者である，**マックス・ヴァン＝マーネン**は，上述した「私がどのような思考や価値観でその状況を読み取っているのか」について，Pedagogical Sensitivity（教育的な感受性）という言葉で表しています。実践の場面は，瞬間的な出来事の積み重ねでもあり，その場面ではこの教育的な感受性に基づいて行動を決めて（行動しないという行動も含めて）いると述べています*。この教育的な感受性も教育者の行為をつかさどる暗黙知だといえます。

　リフレクションとは何かについて検討を進めていますが，ここまで述べてきたことをまとめるならば，リフレクションとは，自身の行為を規定するような自分自身の内面的で暗黙的な知識や技術，感受性・価値観などの要素に焦点をあて（映し出し），その内容を吟味することだといえるでしょう。

■マックス・ヴァン＝マーネン
Max van Manen (1942-)

詳しくはp.78参照。

＊van Manen（2008）

リフレクションの歴史

　その行為がリフレクションと称される以前から，同様の営みはあったと考えられます。したがって，リフレクションの起源を明確にすることは困難なのですが，現在のような文脈においてリフレクションという言葉を使って，その考え方を提唱したのは，**ジョン・デューイ**であるといわれています。デューイという人物についてはここであえて紹介するまでもなく，近代教育学に大きな影響を与えた哲学者ですが，彼の著書，『思考とは何か（How we think）』において，リフレクション（書中にはReflectionともReflective Thinkingとも書かれています）という概念がすでに登場しています。

　デューイは，経験主義哲学を提唱していたことで知られていますが，その主張において，リフレクションは学習の過程に必要なこととして重視されています。何か起きたこと，あるいは行った行為に対して，その後，それはどのような意味があったのかについて考え，意味づけをしていく。そのことが重要，必要なことであった場合には自分自身の糧として取り入れ，そうでなかった場合には破棄するということを繰り返します。これは，私たちが日常的に（無意識的に）行っていることではあるものの，しかし，それをあえて意図的に，より効果的に自分自身に取り入れることができるという考え方です。

　こうしたデューイの考え方は，後々に経験学習理論としてその地位を築いていきます。先に紹介したショーンは，日本においてリフレクションの議論を最初に喚起したとされる「リフレクティブ・プラクティショナー」（反省的実践家と訳されました）の考え方を提唱する以前に，**クリス・アージリス**とともに，「ダブルループ学習（Double Loop Learning）」という考

■ジョン・デューイ
John Dewey (1859-1952)

近代教育学，教育哲学の道筋を作ったとされる人物の1人。主な著書に『経験と教育』「How we think」など。

■クリス・アージリス
Chris Argyris (1923-2013)

著名な経営学者の1人。「組織学習」の考え方を提唱した人物として知られる。組織学習と，個人の学習を結びつけ，それをモデル化したことが評価されている。ショーンとの著書も多数ある。

え方を提唱しました。このダブルループ学習では，起きたこと・行ったことがある枠組みに沿って一貫性をもってなされたかどうかを確認する（これをシングルループ学習といいます）だけではなく，その枠組み自体を見直すこと（これをダブルループ学習といいます）の重要性を説いています。技術的な合理性のみを追求し，その良し悪しだけで学習する（身につける）と，その考え方から抜けだせない，つまり他の状況に対応できなくなることの危険性を説いたものです。

ショーンは，その後リフレクティブ・プラクティショナーの考え方を提唱し*，専門性を獲得する過程におけるリフレクションの役割・位置づけを明確にしました。

* Schön（1983）

経験学習とリフレクション

経験的学習，あるいは成人学習という文脈で，リフレクションについて研究を進めてきた研究者がいます。その1人が，**デイビッド・コルブ**です。コルブは経験的学習サイクルモデル（Experiential Learning Model）を提唱した人物として知られています。

▌**デイビッド・コルブ**
David Kolb（1939- ）

「学習論」という視点でひとの成長をとらえた学者の1人，経験的学習（Experiential Learning）の提唱者として知られる。

4段階からなる経験を活かした学習プロセス（**図表1.1.1**）において，具体的な経験を概念化する段階（Concrete Experience から Abstract Conceptualization に至るまでの間に）において，"Reflective Observation（リフレクティブな観察）"が必要であると述べています。単に経験したことをそのまま取り入れるのではなく，大事なところだけを抽出して取り込み，それをまた次の経験に活かすというプロセスを経験的学習と呼び，リフレクションが経験的学習において必要な営みであるということを明らかにしました**。

** Kolb（1984）

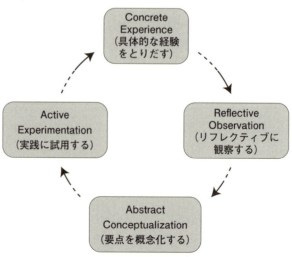

図表1.1.1　Kolb の経験的学習サイクルモデル

学習理論においてリフレクションを扱った人物としてもう1人紹介しておきたいのが，**ジャック・メジロー**です。メジローは経験的学習とは表さず，「変容的学習（Transformative Learning）」という用語を用いました。メジローの主張では，変容的学習プロセスにおいて，クリティカル・リフレクション（Critical Reflection）の必要性を挙げています。このクリティカル・リフレクションが「変容」をもたらし，その結果，変容的学習がもたらされるというのです*。

　このクリティカル・リフレクションの重要性を主張する中でメジローが大事にしたのは，「前提を疑う」ということです。私たちのすべての行為や考えは，自分自身でそれまで築いてきたある前提によってもたらされていると考えることができます。私たちにはすでに知っていることやできること，見てきたことなど，それまでに培ってきた経験が存在しています。私たちが何かを見て理解したり，評価したり，判断したりするときには，その経験をもとに比較しています。そのことが，「経験の多いほうが素早く的確な判断をすることができる可能性が高いのではないか」という，私たちすべてが共有している価値にたどり着きます。しかしながら，そこで取り出される前提（経験の蓄積）が，本来あるべきものと異なってはいないだろうかという疑いをもつことが，ここでいう「前提を疑う」ということです。教育者であれば，さまざまな場面において「とっさの判断」で何かをすることもあるでしょう。それは，教育的な実践の場においては「じっくりと対応を考える間がない」ということが理由でもあります。相手（子ども）が教育者の反応を待っている，「すぐに教育者が反応しないこと自体」が子どもへのメッセージになることもあり得ます。その時にとる「とっさの判断」はそれまでに培った経験によって裏づけられているのです。しかし，後になってよくなかったなと思うこともあるでしょう。その時に，自分はなぜそのような行動をとってしまったのか，その行動の根源となるような自分の考えや前提は何だったのかと確認することが，前提を疑う「クリティカル・リフレクション」です。

　私たち，とりわけ経験を積み重ねてきた大人にとって，このように「前提を疑う」ということは，必ずしも容易なことではありません。なぜなら自分の今の考えが，必ずしも正しいわけではない・妥当なものではないという考えをもつこと，そして，何のためにそのことを追究していかなければならないのかと前提を疑うことは，これまで培ってきたものを否定するようで簡単に受け容れることができないからなのです**。

リフレクションは間違いをただすものではない

　しかし，もう1点誤解してはいけないことは，私たちは常に間違っていて，そして，どこかに正解があり，それを追求していくという営みがリフ

> **ジャック・メジロー**
> Jack Mezirow (1923-2014)
> 教育学の中でも成人学習（アンドラゴジー）の研究で知られる人物。代表的な著書には *Fostering Critical Reflection in Adulthood : A Guide to Transformative Learning* (1990) など。

*Mezirow（1990）

**変容的学習モデルを図式化（※）したものには，「前提を疑って，結果，前提を変える必要がない」というパターンも記されている。必ずしも，前提を疑うこと＝変容する，ということを述べているわけではない（クラントン，2010，p.206）。

レクションなのだというわけではないということです。リフレクションは，「間違いをただすために」行うものではありません。自分自身がどのように考え，どのようなことを願いとしてその行為を行ったのか，それは本当に望むものだったのかということを確認するというプロセスなのです。その結果，その前提を変化させる必要がない場合もあるでしょうし，その確認作業そのものによって新たな価値がもたらされることもあるでしょう。変容は，こうしたプロセスの結果として生み出されてくるものですから，「変化を前提とした」リフレクションは，新たな前提をつくりだしてしまう矛盾をはらんでしまいます。常にリフレクションに接している私たちでも，リフレクションに「変化を期待」してしまいがちな面があります。

　繰り返しますが，リフレクションはあくまでプロセスですから，その結果までを規定するものではないということを認識しておかなければなりません。リフレクションを研究実践しているひとたちの中には，リフレクションが「ひとを変えるツール」とされ，その目的で，いわば「乱用される」可能性（＝危険性）を指摘しているひともいます。リフレクションは自分自身を映し出すという営みですから，他者によって間違いを指摘されたり，変えられたりするものではないのです。

3　リフレクションとは何か

　これまで紹介してきたように，多くの学者・研究者・実践者がリフレクションの定義や意義，そして学習（成長）プロセスにおけるリフレクションの果たす役割について説明を試みてきました。さまざまな検討がなされている中で，具体的にひとつに定義することは難しいことではありますが，それでも，本書をここまで読み進めてくださった方には，焦点となるひとつのキーワードが浮かんでいるのではないでしょうか。

*p.13参照。

　それは，「前提を疑う」ことです。あるいは，ゲシュタルト*に迫るというような言い方もできるでしょう。何をしたのか，何を考えたのか，どのように思ったのかという事実や現象を確認し，その是非を検討するだけでは，リフレクションとしては不十分だといえます。なぜそのような行為に至ったのか，なぜそのように考えたのか，なぜそのように感じたのかという問いに答え，前提に迫っていくことが，あるべきリフレクションの姿だといえます。

　私たちは，ひとつひとつの行動や考えに対して常に理由をつけているわけではありません。教室などの場面で子どもたちと対峙している場面などでも，理由なく何らかの行動をしています。この行動は，おそらくは自分自身がもっている潜在的な価値観，それまでの経験などに裏づけられ，暗黙的な判断のもとにその行為に及んでいます。あとになってある行動につ

いて気になっている場合，つまり何らかの改善をしなければと考えている場合には，この暗黙的でブラックボックスとなっているものを明らかにする必要があります。これが前提を疑うということであり，リフレクションであるといえるでしょう。

さらには，この「前提を疑う私」自体もリフレクションの対象となりえます。むしろ，この「『前提を疑う私』を疑う」ことこそが本質的なリフレクションであるともいえます。なぜならば，"前提を疑っている私"にもおそらくは何らかの暗黙的な前提が存在する可能性が高いからです。したがって，リフレクションを行う際には，時に他者からの働きかけや，あるいは方法論が重要になってきます。その他者からの働きかけや，ある方法に助けられることによって，それまで自分自身では見ることのできなかった前提にアプローチできる可能性が高くなるからです。

リフレクションの方法論と効果的なリフレクション

ここまでリフレクションという言葉や考え方をめぐって話を進めてきましたが，多くの検討がなされてくるにつれて，次の焦点が見えてきたと思います。それは，「どのようにリフレクションを進めればよいのか」という点です。

コルトハーヘンが提唱するリフレクションが注目されてきた理由のひとつに，リフレクションの営みに関する具体的な方法や手順を提示したということがあるでしょう。リフレクションにどのような意味があるのかや，期待される成果，リフレクションの種類などについては，これまでに紹介してきたような人物も多くを述べていますが，その具体的な手順については，それほど言及が進められてきませんでした。

さまざまなリフレクションの営みがあって，具体的な方法や手順を規定・特定できないということがあったのかもしれませんし，あるいはリフレクションの進め方はひとそれぞれであって，それを規定することが，効果的なリフレクションを妨げるという考えもあったのかもしれません。

この懸念が現時点で解消されているわけではありませんが，一方でこれまでに述べてきたように「単なる振り返り」にとどまり，効果的なリフレクションの営みが行われなかったり，あるいはリフレクションをすること自体に馴染みがなく，ある程度の具体的な手順や導きがないとリフレクションがままならないということもあったでしょう。

そのことから，コルトハーヘンはALACTモデル*と称するリフレクションのプロセスをモデルとして提示し，いくつかのステップを経ることによってリフレクションを行うことができるのではないかと提唱しました。

*p.39にて詳述。

その結果，コルトハーヘンが長らく勤めたユトレヒト大学では，養成課程全般を通じてリフレクションの活動を取り入れることが可能になりまし

た。現在ではオランダ国内の多くの養成学校で教育実習と組み合わされたリフレクションの活動が当たり前になってきています*。

リフレクション論の課題と展望

　リフレクションは，その行為がもつ性質ゆえに，臨床心理（学）的概念と近い存在としてとらえられることがあります。もちろん，そういった要素がまったくないと断定することはできませんが，しかし，リフレクションはカウンセリングやあるいはセラピーなどといった営みとは一線を画す存在であるということを強調しておきたいと思います。コルトハーヘンは，常々リフレクションを「学習プロセスの一環」として位置づけることを強調しています。私たちが教育者として成長し，よりよい教育を展開していくための力をつけるために，リフレクションを学びの糧とするにはどうすればよいかという視点から検討を続けてきています。

　授業実践の様子などを多人数で検討する「協同的なリフレクション」という活動が多く報告されるようになってきました。リフレクションのねらいとすることのひとつに，自分自身の前提を疑うことがあるということを先に述べましたが，例えば，その時に見逃していた子どもたちの動きや様子，教育者自身の所作，時間の流れや子どもの受けとめ方など，当事者として見逃してしまっていたことを見つけることによって，新たな事実に気づいていき，より思考が広がり，深まることが期待されます。ただ，リフレクションの過程に他者が関わることについては，少し慎重に考えた方がよい面もあります。

　リフレクションの営みに取り組んでいる実践現場から，「リフレクションの営みに対して，他者が関わるのにはどのような意味があるのか，それは行われるべきなのか，そうでないのか」という指摘をよく受けます。出来事について語っている（リフレクションをしようとしている）当事者に対して，それを聞いている他者が客観的な視点でコメントをしたり，アドバイスをしたりすることの意味合いについてです。しかし，リフレクションの営みということに限っていうならば，他者からのアドバイスやコメントは，客観的な視点でもたらされているのではなく，他者が，その他者なりの価値（前提）をもとに発言しているということを共通して認識しておかなければならないでしょう。

　リフレクションということを離れて，チームや組織として共通の理解をもつ，お互いに理解する，あるいは皆で問題解決に取り組むということが目的の話し合いということであれば，これらの営みは，思慮深くて，創造的で有意義な話し合いになることが想像されます。しかし，「リフレクション」ということにこだわるならば，そのようなコメントやアドバイスについても，材料として自身の経験に照らし合わせつつ，自分が抱える前提

*オランダは教員養成課程のあり方を見直し，学校現場との接続性を重視した実習中心のカリキュラムを開発するに至りました。小学校教員養成課程では，多くの学校で全日程のおよそ半分（学年によって多寡がありますが）の日数を現場で過ごします。そこで重要になってきたのが，現場における経験を，いかにして自分自身の力として獲得することができるかという点でした。リフレクションの営みはこのことに大きく寄与し，養成校の教員には「リフレクションを促すこと」が求められる資質能力のひとつとして重要視されています。

に迫ることができるかという点によって判断をするべきでしょう。それは，他者の意見やアイデアを自身の前提と照合することなく鵜呑みにしてしまうことを避けるためです。

本章の冒頭で紹介したコルトハーヘンの「教師の学習（成長）に関する不都合な真実」の論文の中で，教育者の成長にとって大事な3つの視点というものが挙げられています。ひとつは理論（Theory），もうひとつは実践（Practice），そしてもうひとつは教育者自身（Person）と述べています。これまでの教育者の成長にとって重要な視点としては，教育的な理論と実践をいかに結びつけるかという課題が長く議論されてきました。コルトハーヘンは，理論から実践のモデルに対して，実践から理論へのモデルを提唱しました（リアリスティック・アプローチ）。しかし，コルトハーヘンは後に実践から理論へのモデルも不十分だと述べます。なぜならば，その理論と実践を繋ぐ当事者の視点を抜きにして，理論と実践を架橋することはできないと考えるからです。その当事者の視点という意味で，コルトハーヘンは第3の視点としての教育者自身（Person）を取り上げているのです。

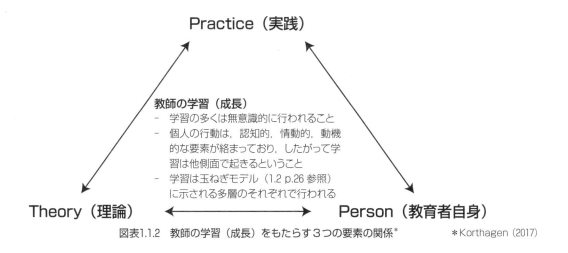

図表1.1.2　教師の学習（成長）をもたらす3つの要素の関係*　　*Korthagen (2017)

実践をどのようにリフレクションして理論につなげていくかというプロセスだけではなく，そこにリフレクションをしている自分自身もリフレクションの対象として認識すること**が，今後リフレクションの概念を検討していくうえで，より重要かつ不可欠なことになっていくと思います。

**メタ・リフレクションと呼ばれることもあります。

（坂田　哲人）

1.2 コルトハーヘンのリフレクションの方法論

*p.ⅲ参照。

「刊行によせて」で，フレット・コルトハーヘンは〈振り返り〉と〈リフレクション〉が別物であることを語っています*。全国の学校等で共有されつつある「振り返りは大切だ」という常識を，もう一歩前進させて，より深い，より主体的な学びが引き出される「リフレクション」が大切だという理解につなげること。そして，そのリフレクションが，実際に学習者や教育者を含むすべてのひとに促されるようになって，学びがより主体的なものへと変容すること。それが，コルトハーヘンと気持ちを同じくして，筆者一同が本書に込める願いです。

しかしながら，〈リフレクション〉と言った途端に，難しそうだと感じるひとも多いかもしれません。従来，リフレクション（reflection）という言葉には「反省」「自省」「内省」「省察」などさまざまな訳語が当てられてきました。そのうえで，経験から学びを紡ぎ，熟達していくためには「よいリフレクション」が「必要」であるという，〈リフレクションの必要論〉が多く語られました。しかし，それならばどのようにして「単なる振り返り」とは異なる「リフレクション」を促しうるのか？　もし言説の通り，リフレクションの中でも特に「よいリフレクション」といえるものがあるのだとすれば，それはどのようにして促されるのか？　リフレクションが得意で，経験から自ら学びを紡いでいけるひとと，そうではないひととの間には，どのような違いがあるのか？　このような実際的な問題に応えてくれる研究は，これまで極めて少なかったといえます。

本章で取り上げるコルトハーヘンは，この状況を一変させたことで知られる研究者です。「理想的なリフレクションは，どのようなプロセスを辿るのか？　リフレクションを得意とするひとにはどのような特徴があるのか？」を分析したうえで，「深い気づきや学びを生み出すようなリフレクションを促すには，どうしたらよいのか？」という，いわば〈リフレクションの方法論〉を確立しました。

そして，面白いことに，〈リフレクションの方法論〉の研究が進めば進むほど，コルトハーヘンは「頭で考えすぎないこと」の重要性を説くようになります。本章では，コルトハーヘンの〈リフレクションの方法論〉研究の根幹にある考え方を〈頭でっかちにならないリフレクション〉と表現しながら，そのポイントを概説します。どうか「難しそう」と気を張らずに，おつきあいください。

1 頭でっかちにならないリフレクションのススメ

合理的な思考は，思考のごく一部でしかない

コルトハーヘンの〈リフレクションの方法論〉の原則をあえて一言で表すとすれば，「頭でっかちにならないこと」であるといえます。これは，コルトハーヘンが初期の教師教育学研究の段階から一貫して唱えている考え方です。

例えば1993年に発表された論文*の中でコルトハーヘンは，リフレクションがそれまで合理的な思考様式であるととらえられてきたことを指摘しています。そのうえで，現実には，むしろ非合理的な思考こそが大きく人間を突き動かしているのではないか，と疑問を呈します。

> これまでに，多種多様な分野で活躍する多くの論者が，論理的で分析的な情報処理方法とそうではない方法とを区分してきました。それらの区分によって多くの異なる概念や用語が生まれたわけですが，結局のところ，私にはどの概念や用語も，〈人間の認識の二面性〉という同一のテーマについて語っているように見えるのです**。

*Korthagen, F. (1993). *Two Models of Reflection*. Teacher & Teacher Education, Vol. 9, No. 3, pp.317-326.

**Ibid, p.318
***Ibid.

「分析的」と「ホリスティック」，「合理的」と「非合理的」，「暗黙知」と「明示的知識（形式知）」など，さまざまな論者によって定義づけられたいくつもの思考に関する二項対立的な概念を例示しながら，コルトハーヘンは「いずれにしても，大雑把に言って，人間の脳には2つの側面があり，それぞれの側面が別の様式の情報処理を実行しうるということは，広く合意されているようだ」***と語ります。

そしてコルトハーヘンは，**ゲシュタルト心理学**の知見に基づいて，合理的ではない思考様式を引き起こすものを〈ゲシュタルト〉と呼びます。そのうえで，例えば教師が教えている場面では，教師は常に合理的な思考様式に基づいて自身の言動を決定しているというよりも，ゲシュタルトに触発されながら言動を決定づけられているというのが現状なのではないか，と論じるのです。

> 教えている場面では，周囲の環境の中にあるなにかしらのものが教師のゲシュタルトを刺激することで，即時的な解釈と反射的な反応を引き起こしているのではないか，というのが私たちの仮説です。このような反応の様式であれば，〔訳者注：ある程度の時間を要する〕論理的な分析を省くことができるので，教師は同時進行的に多くの異なる刺激に向き合うことができます****。

ゲシュタルト心理学
20世紀に確立された心理学の一派。さまざまな経験をもとに，物事に関する考え方や価値観，愛憎などの感情が複雑に結びついて一つのゲシュタルトと呼ばれる「ひととしてのありよう」が形成され，ひとの言動の多くはそのゲシュタルトに基づいて決定づけられると考える理論。

****Ibid, p.319

1部　コルトハーヘン理論を読み解く

　この仮説には，説得力があります。というのも，自分がとった行動について，ひとつひとつ「なぜそのような行動をとったのか？」と論理的に問いかけてみると，答えようのないことが多々あることに気づくはずです。例えば，「どうして今自分は鼻を触ったのだろう？」「どうして自分は教室内を机間指導するとき，右回りになりがちなのだろう？」。もしかすると，「どうしてさっき生徒に注意するとき，つい大きな声を出してしまったのだろう？」といった問いに答えることも，時に難しいと感じることがあるかもしれません。こうした問いをひとつひとつ自分に投げかけていくと，すべてに対して論理的な答えを出すということは不可能だと気づくと同時に，もしこうした問いに関するすべての事柄を論理的に思考しながら意識的に判断して行動を決めなければならないとしたら，なんて煩わしいのだろう，と感じるのではないでしょうか。

　コルトハーヘンが例に挙げているように，教師が児童生徒を教える場面でなくても，ひとは，常に周囲にあるさまざまな事柄を同時に認知して，同時進行でさまざまな行動を決定・実行しながら生きているといえます。例えば，他者との会話に熱中しながら歩いている時，多くのひとは歩き方に意識を向けていませんが，大抵の場合，転んだり壁にぶつかったりすることなく安全に歩くことができますし，朝は寝ぼけながらも身支度をすることができます。また，テレビからゴキブリの映像が流れてきたら，考える隙もなく目を反らせたり，嫌悪の表情を浮かべたりするひとも多いはずです。

　このように，ひとがとる言動は必ずしも合理的な判断のもとに決定づけられるわけではないとすれば，そうした言動を振り返り，そこから学びや気づきを紡ごうとするリフレクションもまた，合理的な思考だけでは対応できません。コルトハーヘンは，このことを図表1.2.1のように整理します。

　まず，思考には言語化することができるような合理的，論理的なものと，そうではないゲシュタルト的なものとがあるとして，それらを区別します。ここまでは，多くの論者がさまざまな概念や用語を用いて語ってきたことと同じです。しかしコルトハーヘンはさらに，言語化され得る思考様式だ

＊Korthagen (1993). をもとにコルトハーヘンが作成し，2010年来日時の研修用パワーポイントに使用していた図をもとに，筆者翻訳。Korthagen (2017). Inconvenient truths about teacher learning: towards professional development 3.0, *Teachers and Teacher Education*, 23:4, pp.387-405にも同様の図が掲載されている。

	意識的	無意識的
言語的	意識的かつ言語的	無意識的だが言語的
非言語的	意識的だが非言語的	無意識的かつ非言語的

図表1.2.1　思考の4事象＊

からといって，必ずしも自覚されているとは限らないことを指摘します。先の例に戻るとすれば，「どうして自分は教室内を机間指導するとき，右回りになりがちなのだろう？」といった問いは，実際に自分で立てることは難しいといえます。同僚や児童生徒など，他者に指摘されて，さらには動画などで自分の行動を見返して，初めてそのような癖があることに気づくということが少なくありません。ですので，思考の様式を区分する2つめの指標として，「本人の意識が及んでいるかどうか」をコルトハーヘンは付け加えます。結果として，思考は**図表1.2.1**のように大きく4つの事象に区分されます。

コルトハーヘンは，ただただ本人に「振り返ってみましょう。気づいたこと，学んだことはなんですか？」と問うだけの従来のリフレクション方法では，左上の〈意識的かつ言語的〉な思考様式へのリフレクションのみを促し，その他の3つをすべて見逃してきたと語ります。ところが，実際には〈意識的だが非言語的〉な思考（なぜ自分の鼻を触ったのかは説明できないが，鼻を触ったことは自覚しているような場合）や，〈無意識的だが言語的〉な思考（自分が声を荒げてしまっていたことを指摘されれば理由に検討がつくが，指摘されなければその状況を十分に自覚できていないような場合），さらには〈無意識的かつ非言語的〉な思考（何が起きたか自覚もないし，指摘されても理由の見当がつかないような場合）といった思考様式のもとで決定づけられている行動の方が圧倒的に多く，従来のやり方ではとても狭い領域にしかリフレクションが及んでいないといえるのです。

なんちゃってリフレクションには「気づき」が欠けている

それでは，「頭でっかち」なリフレクションとそうではないリフレクションの違いは何で，いかにして〈頭でっかちにならないリフレクション〉を促せばよいのでしょうか？

まず，コルトハーヘンは，コルブ（David Kolb）の経験的学習サイクルモデル*を参照しながら，**ALACTモデル**（"アラクト"モデルと読みます）と呼ばれる理想的なリフレクションのプロセスを**図表1.2.2**のように描きました。

そのうえで，一般的には，リフレクションといっても第3局面の〈本質的な諸相への気づき〉を飛ばしてしまっていることがあまりに多いことを指摘します。つまり，ある経験に引っ掛かりを感じ，その原因を考察するためにその場面を振り返ったとしても，引っ掛かりを感じた本質的な要因への気づきがないままに，例えば「相手の機嫌が悪かったのかもしれない」「自分の力不足に違いない」など，曖昧な要因を推測したうえで，「なぜ引っ掛かりを感じたのか？」という当初の問いに対する答えが腑に落ちる形で得られたわけではないにもかかわらず，「次に同じような状況になる時は，

* p.6参照。

ALACTモデル
コルトハーヘンが開発した，理想的なリフレクションのプロセスを示すモデル。名前は第5局面まである各局面の英語名の頭文字の組み合わせに由来する。

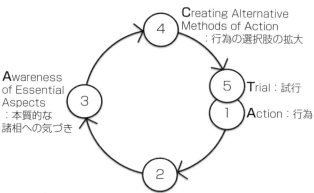

図表1.2.2　ALACT モデル

相手の機嫌がよいといいな」，あるいは「自分はもっと精進しないといけない」といった，改善策として具体的な行動が何も示されない結論で満足してリフレクションを終えてしまうひとが，少なくないのです。

さらに例を挙げるとすれば，コルトハーヘンは著書の中で，教員養成の分野でリフレクションの重要性が説かれるようになってきた状況を受けて下記のような発言をする**教師教育者**を批判しています。

> リフレクションについて，大騒ぎするひとたちがいますよね。私にはその理由がまったくわからない。教師教育において，リフレクションってずっと促してきませんでしたっけ？　教育実習生が授業をしたら，当然その授業について自分自身で考えるように言いますよね。いえ，たとえ指導教諭が指示しなくたって，実習生が自分で考えるものですよ！　例えばもし子どもたちとの関係性で深刻な課題を抱えていたなら殊更に，実習生は一晩中悩んで考えるものです！　そのようにすでにたくさん考え，悩んでいる実習生に対して，さらにリフレクションを強調することは，逆効果を生むようにさえ思えます。だから私は時々こう言うんです。「ほらほら，もう考え込むのはやめよう。あなたが課題を乗り越えるために，私から何か具体的なガイドラインを示してあげられるか，試してみよう。だって，それが私たちの仕事でしょう？　実習生をサポートすることが。」*

> **教師教育者**
> 教職を志す学生や，教育実習生，あるいは現職の教師の指導に何かしらの形で携わる者の総称。例えば，教職科目を担当する大学教員，教育実習生の指導を担当する指導教諭など。

*Korthagen et al. (2001) p.52

このような考え方の教師教育者は，実習生が本質的な諸相への気づきに至るまでリフレクションするプロセスをサポートしないどころか，阻止してしまいます。手っ取り早く悩みを解消したかのように感じさせるために「具体的なガイドライン」を提示することで，実習生のリフレクションのプロセスから第3局面を切り落としてしまうからです。これでは，ある種〈頭でっかち〉にすらなっていない，〈なんちゃってリフレクション〉にし

かなりません。また，第3局面を飛ばしているので，当然ながら第4局面にも実質的には到達できません。教師教育者の経験に基づく「コツ」，「ハウツー」や「秘策」について聞きかじることはできるでしょうが，本質的に問題がどこにあったのか実習生本人が気づかないので，それらの情報を今自分自身が抱えている状況にどう適用すればよいのか，そもそも適用することができるか（適切なのか），正当に判断することもできないのです。

　一方で，教師教育者は実習生がひたすら悩むのを見守っているべきなのかというと，それも正解ではありません。知識や経験のない実習生にリフレクションを任せっぱなしにしたのでは，まさに〈頭でっかち〉なリフレクションに陥ってしまって，いつまで経っても本質的な諸相への気づきに至れなかったり，とても効率が悪い堂々巡りのリフレクションに時間を割きすぎて，成長が滞ってしまったりする可能性があります。

　〈本質的な諸相への気づき〉に至るような効果的なリフレクションがある程度の時間を要することは間違いありません。しかし，その効果的なリフレクションを，少しでも効率的に達成できるようにすることこそ，教師教育者など相手の学びを促そうとする仕事を担う者の役割であると，コルトハーヘンは考えます。

「気づき」を生み出す鍵は，「感情」と「望み」

　このような考え方に基づき，〈本質的な諸相への気づき〉をより確実に達成するために，コルトハーヘンは第2局面「振り返り」の段階において用いるべき仕掛けとして，以下の〈8つの問い〉を開発しました*。

　一見拍子抜けするかもしれないほどシンプルな質問群ですが，これらの問いかけを活用することで，例えばうまくいかなかった指導場面において，自分の感情や望みがどのようなものだったのか，相手はどのようなことを考え，感じ，望んでいたのか，ということをまんべんなくリフレクションすることができるため，誰もが無意識のうちにもっている〈リフレクションの癖〉に気づき，払拭することにつながります（例えば，自分の「思考」ばかりに焦点を当ててリフレクションしがちであるひともいれば，相手の「感情」ばかりに注目するひともいます）。また，慣れないうちは，すべての問いにスムーズに答え，すぐに第3局面の〈本質的な諸相への気づき〉に達することは，意外にもとても難しく感じられるはずです。しかし，そ

*Korthagen et al.（2001）のうち，特に第3章（邦訳第2章），第7章（邦訳第5章），第11章（邦訳第8章）を参照。

1. 私は何をした？	5. 相手は何をした？
2. 私は何を考えていた？	6. 相手は何を考えていた？
3. 私はどう感じていた？	7. 相手はどう感じていた？
4. 私は何を望んでいた？	8. 相手は何を望んでいた？

図表1.2.3　8つの問い**

**Korthagen et al.（2001）をもとに，筆者作成。

のような場合でもしっかりとこれらの問いにこぼすことなく答えようと努めることで，少なくとも，1番目から8番目までの問いで，自分が特に答えづらいと感じる問いはどれかを知ることができます。これが，〈リフレクションの癖〉の自覚です。

さらに，1番めから8番めまでの問いに一通り答えてみると，それらの答えの中で，互いに辻褄の合わないものがあることに気づくことがあるはずです。例えば，児童生徒は「もっと詳しく知りたい」という望みをもって質問をしようと挙手していたし，教師として自身も「子どもたちに授業内容についての理解を深めてほしい」と望んでいたはずなのに，ふと時計をみて，気持ちが焦り，子どもたちの挙手を思わず無視してしまったという場合には，1〜3番めの問いへの答えと，4番めや8番めの問いへの答えとの間に不一致が起きているといえます。この不一致を意識できるようになることこそが〈本質的な諸相への気づき〉となり，より確固とした形で第4局面〈行為の選択肢の拡大〉につながることが少なくないのです。

〈8つの問い〉の背景には，コルトハーヘンが〈氷山モデル〉と呼ぶ考え方があります。すなわち，リフレクションの対象を氷山に例えた場合，水面の上に見えている部分は，客観的に，また視覚的にとらえやすい〈行動〉に該当します。次に，水面近くで見え隠れする部分は，言語を通してとらえることができる〈思考〉に当たります。そして，水面下の部分に表情やボディランゲージをよく観察しなければとらえることが難しい（そして，究極的には観察だけで十分にとらえ切ることのできない）〈感情〉があり，さらに水面下の深い部分に〈望み〉があるといいます。

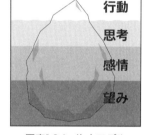

図表1.2.4　氷山モデル

一般的に「リフレクション」と言うと，水面の上に見える〈行動〉や〈思考〉にのみ焦点を当ててしまいがちですが，これこそがまさにコルトハーヘンのリフレクション理論に相反する〈頭でっかち〉のリフレクションの特徴です。〈感情〉や〈望み〉という，ひとの行動を突き動かす，合理的とは言えない要因にも焦点を当て，さらにはそれらをリフレクションし，言語化することで無意識だったものを意識できるようにする――〈8つの問い〉は，シンプルな仕掛けでありますが，従来のリフレクションが見落としてきた思考の大部分を掬い取ろうとするものだといえるのです。これらの問いを，極力偏りや見落としのないように自身に（あるいは同僚などの仲間と相互に）投げかけることで，リフレクションの質が高まります。

2　身になる知識は，いつだって「主観的」で「経験的」

あえて「主観」と徹底的に向かい合う

〈8つの問い〉を自身に投げかけて回答を試みたり，誰かのリフレクションをサポートするために相手にそれらを投げかけてあげたりしてみると，

ふと，このような疑問が生じることがあると思います。「これ，自分の考えで答えていいの？」「あくまで自分の見解になってしまっていないだろうか？」。そこで，コルトハーヘンのリフレクションの理論の背景にある，とても重要なポイントを説明します。

　コルトハーヘンの理論は，徹底した**社会構成主義**的な考え方に立脚しています。社会構成主義においては，それぞれの学習者が，周囲の状況や文脈，あるいは過去の経験や記憶などをもとに，自分なりに物事を解釈したり理解したりしながら知識を構成・構築していくと考えられています。つまり，例えば「リフレクション」について同じ定義や内容を学んだ学生たちがいたと仮定しても，実際に「リフレクション」という概念をどのように理解するかはひとによって異なっていると考えられます。むしろ，ひとは自身の過去の経験やそれまでに培った知識と結びつけながら，新しい概念（ここでは「リフレクション」）を理解するしかない，と考えられるのです。

　このような考え方から，コルトハーヘンは〈8つの問い〉を通して，あえて〈主観〉でしか答えられない問いを立てているといえます。ある場面で相手がどう感じていたかに関する真実は，究極的にはわかり得ません。ですから，厳密にいえば，7つめの問いに対する正解もないのだといえます。しかし，そこで回答を諦めるのではなく，その相手との関係性を維持したり，よりよいものにしていきたかったり，その特定の関係性は継続しないにしても今後似たような状況に直面した際にもう少しうまく行動できるようになりたいと考えたりするのであれば，自分なりの答えを見つけていくことを重視しよう，というのが〈8つの問い〉の背後にあるメッセージなのかもしれません。ですから，さまざまな可能性を考えながら，その場にいた自分自身が最も納得できる答えを探るプロセスが重要となります。

　この答えを探るプロセスは，相手の目線に立ってリフレクションする5つめから8つめの問いにおいてのみ重要なわけではありません。自分自身が何を望んでいたのか，何をしたのかなどに関しても，それまで無意識だったものを急に意識して，さらに言語化するというのは極めて難しいプロセスです。自分自身のことに関しても，うまく言語化ができない，すなわち，自信をもってこれが答えだと言い切れないことも，よく起きるでしょう。だからといって，例えば「あなたはあの時，こうなることを望んでいましたね」というように，自身のことを他者から指摘されたのでは，たとえ的を射た指摘だったとしても自身の気づきとはいえません。さらに，そもそも指摘されたその場では的を射ているように感じられたとしても，実際には射ておらず，リフレクションの方向性を歪ませてしまうことも多いのです。

　だからこそ，自身のリフレクションを行うとき以上に，他者のリフレク

> **社会構成主義**
> 現実や真実は，個人の中，あるいは人間を超えたところに存在するのではなく，人間関係の中にあり，言語を通して構成されていくという考え方。

ションを促す立場に置かれた際にこそ，より深い注意が必要になります。コルトハーヘンも，こうした場面での注意点を，詳細に記しています。

まず，リフレクションを促す立場のひとは，「尊重するのはあくまでリフレクションするひとの主観である」ことを意識しなければなりません。そのため，リフレクションを促す際には，話す内容をできるだけ限定して，リフレクションしているひとの主観に不要な影響を与えないように注意する必要があります。例えば，

> フィードバックは相手の行動を解釈したり批判したりするものではなく，あくまでその行動を説明するものでなくてはならない。（たとえば，「あなたは内気ですね」と言うのではなく，「あなたは今，目線を下に向けましたね」と言う。）*

* Korthagen et al. (2001) p.122, 訳書 p.138

あるいは，

> フィードバックは情報のみに限定し，その情報をもとに受け手が何をすべきかについてアドバイスすることは避けなければならない。**

** 同上

このようなことを意識することが重要だとコルトハーヘンは言います。さらに，たとえこれらの原則を徹底したとしても，それでもなお，自分が相手に伝えている情報は主観的であらざるを得ないということを理解しておくことも必要です。

> この説明の対象というのは必ずあなたが観察した行動であり，あなたがその行動をどうとらえたか，それに対してあなたはどう反応したかという内容が関わっている。そのため，ここでの説明は常に主観的なものになる。***

*** 同上

専門家であろうが，「似た」状況に遭遇した経験が豊かであろうが，誰しもが述べ得る見解は〈主観〉でしかあり得ない――この考え方を徹底してこそ，リフレクションを促す者とリフレクションする者がともにフラット（対等）な関係で話し合い，リフレクションするひと自身が納得できる自分なりの答えを探ることが可能になるのです。

コルトハーヘンが開発した〈8つの問い〉は，リフレクションを促す側が自身の主観的な解釈や見解を語り過ぎず，相手であるリフレクションをする本人の主観を聞き出すことを徹底するための仕掛けだからこそ，リフレクションするひとへの問いかけの形を取っているといえるのかもしれません。

知識が「主観」とつながるとき,「気づき」が深まる

　上記の社会構成主義的な考え方は,コルトハーヘンの「知識」概念にも影響しています。コルトハーヘンは,客観的に記述された理論や,客観的な記述のみをもとに理解しようとする際の知識や理論を〈大文字の理論〉と呼ぶのに対して,主観に結びつけながら理解される知識や理論を〈小文字の理論〉(theory with small t)と呼びます。

> 　公式な便覧にみられるような理論の古典的な形態というのは,実践的な状況から一般化され,実証的に裏づけられた抽象概念です。(中略)実践とは普通あいまいで価値観を多分に含んでおり (Schön, 1983),言い換えれば,公式の理論(「大文字の理論」)にみられる目的—手段モデルよりも一層煩雑なもの(中略)です。*

*Korthagen et al. (2001) p.12, 訳書 p.26

　コルトハーヘンが設計に携わったユトレヒト大学の教員養成プログラムでも,高等教育機関である以上,〈大文字の理論〉は教えています。しかし,リフレクションを通して経験から学ぶことを目指すからには,習得する知識は自ずと〈小文字の理論〉にならざるを得ません。たとえ〈大文字の理論〉に触れたとしても,その習得をも目標に掲げてしまっては矛盾してしまいます。

　つまり,学習者が何かの経験を経たあと,指導者は前述の〈8つの問い〉などを通してその経験についてのリフレクションを促します。そして,そこで学習者たちが得た〈本質的な諸相への気づき〉に関連する何かしらの学術的な理論を提示することで,その気づきがより深まりそうな場合においては,〈大文字の理論〉を紹介するのがよいでしょう。ですが,そこで目指すべきは,その理論に関する指導者が伝えた通りの理解ではなく,あくまでも各学習者が自分自身の気づきにつなげて解釈・構成し直したバージョンとしての理論の再編です。時には,指導者が解説した理論のごく一部しか習得されないこともあるでしょうし,厳密にいうとその理論を提唱した研究者らが言わんとしたことと大きく異なって理解されてしまうこともあるかもしれません。それでも,経験に根ざした,学習者自身の気づきにつながる形で理解した理論であれば,その気づきを深めることができます。一方で,そうではない〈大文字の理論〉は,経験や気づきから切り離されたものですので,それまでせっかく〈頭でっかちでないリフレクション〉を促していたとしても,その後〈大文字の理論〉の習得を目指した途端に,また水面の上に見えている氷山の上の部分

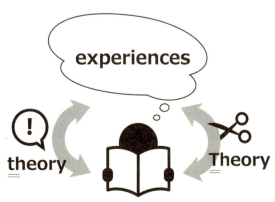

図表1.2.5　大文字の理論と小文字の理論

に思考が偏ってしまい，気づきが深まることはありません。

無意識と理論を，経験とリフレクションを介して往還する

1996年に発表された「教師の思考と教師の行動との関係性をとらえなおす」*というタイトルの論文の中で，コルトハーヘンは理論と実践を双方向的に結びつけて理解させることのできる教師教育のあり方を検討するための手がかりを模索します。そして，教師の学びのプロセスの分析を行い，教師が授業実践の内外においてなす思考を3つのレベルに区別しました。

3つのレベルのうち1つめは，〈ゲシュタルト・レベル〉と呼ばれます。さまざまな実際の場面で，咄嗟の言動や判断，癖などを方向づけている，認知や感情などが包括された無意識的で言語化されていないようなものの塊が，ゲシュタルトと呼ばれるものです。〈ゲシュタルト・レベル〉とは，そのゲシュタルトによって当人の言動がいわば無意識的，自動的に決定されているときの思考レベルを指します。本章第1節の整理でいえば，〈無意識的かつ非言語的〉な思考様式です。例えば，赤ん坊を前に，何の考えもなしに，いないいないばあをしていたとすると，それは，赤ん坊をかわいいと思う感情や，いないいないばあをすれば赤ん坊が喜んでくれるだろうという考えなどが，無意識のうちに瞬時に働いた結果だといえます。

次に，2つめは〈スキーマ・レベル〉と呼ばれるレベルです。無意識だったゲシュタルトがリフレクションを通して意識化されたときに，認知的なスキーマ（枠組み）が生まれるといいます。ひとがある特定の場面でどのように行動すればよいかを考える際には，このスキーマを使った思考を行っています。先の例でいえば，以前に他の赤ん坊に，いないいないばあをしてみたところ，喜んでもらえた経験から，「このくらいの月齢の赤ん坊は，こういう形のいないいないばあをみて喜ぶ」というスキーマが生まれ，それを思い出してまた目の前にいる別の赤ん坊にいないいないばあをする，という具合です。本章第1節の整理でいえば，これは〈意識的かつ言語的〉な思考様式へと変化したものといえます。

最後に，〈理論レベル〉の思考があるといいます。ここではスキーマ化された自分の考えなどをさらに体系化し，理論的解釈を行います。前段階で形成したいくつかのスキーマをつなぎ合わせ，より深いリフレクションを行うことで，理論へと発展させるのです。

なお，以上の3つの思考レベルは，必ずしも今紹介した順序でのみ行われることが望ましいわけではないことに，注意が必要です。例えば〈理論レベル〉でばかり思考していては，教師にとって重要な瞬時の判断や行動ができなくなってしまいます。〈スキーマ・レベル〉だけでは，「持論」にしがみついた状況となり，その持論が改良される余地がありません。また，〈ゲシュタルト・レベル〉だけでは行き当たりばったりになって成長が見

*Korthagen and Lagerwerf (1996). "Reframing the Relationship Between Teacher Thinking and Teacher Behaviour: Levels in Learning About Teaching", *Teachers and Teaching: Theory and Practice*. 2(2):161-190.

込めないことは，言うまでもありません。

　そのため，重要なのは，この3つのレベルを交互に行き交うことです。例えば，何かしらの経験を〈8つの問い〉を用いてリフレクションすることで，〈ゲシュタルト・レベル〉の思考を〈スキーマ・レベル〉へと発展させます。その後，同じことを何回か繰り返し，いくつかのスキーマが構築された段階で，リフレクションしているひと自身の気づきやスキーマに関連する内容の〈大文字の理論〉を紹介することで，その思考を〈理論レベル〉まで引き上げます。しかし，この一連のプロセスだけで究極的な理論の理解が完成されるということは通常あり得ないことなので，そこで構築した理論を今までのスキーマと照らし合わせて考えてみたり，実践に適応してみたりすることで，その理論の精度を高めていく必要があります。

　こうしてリフレクションを介して無意識のレベルから理論のレベルまでを何度も往還することで，経験に結びついたより精度の高い知識を構築していくことができるのです。

3　未来を見据えるために，「自己」と「強み」をみる

弱点や課題よりも，まずは「強み」に目を向ける

　プラグマティズムの代表的論者であるジョン・デューイがリフレクション概念に注目したこと*にも表される通り，リフレクションは経験から学ぶためのプロセスである以上，何かしらの気づきや学びを生み出し，その後何かしらの発展的な行為へとつながらないことには，意味をなしません。コルトハーヘンが描いたALACTモデルも，第4局面はまさに〈行為の選択肢の拡大〉と明示されており，なんらかの実際的な変化を生み出すことが想定されています。

　しかし，コルトハーヘンは〈8つの問い〉を活用しながらリフレクションを促すことを実践・提唱していく中で，この仕掛けだけでは十分に次の行為の選択肢を拡大することへとつなげられないことがあることに気づきます。そして，「ひとのパーソナルな領域には入り込まないながらも，核心からの変化を生み出すことができる」**，より深いリフレクションの形として，〈コア・リフレクション〉と呼ぶ新しいアプローチを提示しました。

　〈コア・リフレクション〉は，「ポジティブ心理学に立脚するもので，ひとが心の中にある信念や強みを生かして外に向けて働きかけていけるようにするもの」であり，「ひとの潜在能力を引き出す」ためのアプローチであるといいます。ポジティブ心理学とは，**マーティン・セリグマン**らが生み出した新しい心理学の領域です。ひとが抱える欠陥や異常，トラウマなどのネガティブな経験に焦点を当て，それらを克服することを目指してきた従来の心理学や精神医学とは対照的に，ポジティブ心理学は，ひとの強

> **プラグマティズム**
> 概念を概念そのもののみで理解するのではなく，その概念によって生じる実際的な帰結をとらえることで概念を理解しようとする哲学の考え方。

*p.5参照。

**Korthagen & Vasalos (2005) p.48

> **マーティン・セリグマン**
> Martin Seligman
> (1942-)
> アメリカの心理学者。鬱病や異常心理学，「学習性無力感」の研究で有名で，ポジティブな側面に目を向けることの有用性を唱え，ポジティブ心理学の創設者の一人に数えられる。元アメリカ心理学会会長。著書にLearned Optimism, 1991ほか。

みや長所，成功体験に着目しそれらをより一層伸ばすことを目指します。リフレクションにおいても同様のパラダイム・シフトが必要だと提唱しているのが，2000年代以降のコルトハーヘンです。

　本章第1節にも記した通り，〈8つの問い〉を用いてリフレクションを行うと，無意識だったさまざまな事象に気づくことになります。例えば，自分の行動，思考，感情や望みと相手がもつそれらとの間の不一致に気づいたり，自分自身の中にある矛盾に気づいたりするでしょう。そして，〈8つの問い〉が初学者に与え得る最も大きな衝撃はおそらく，「こんなにシンプルな問いにもうまく答えられないほど，状況を観ることができていなかったのか」という気づきだろうと思います。つまり，〈8つの問い〉を活用していただけでは，まさにセリグマンが批判した従来の心理学のように，欠陥や異常へと目を向けることにつながってしまうのです。このようなことから，従来の心理学，そしてそれに類似する従来型のリフレクションを乗り越えるために，コルトハーヘンは〈強み〉や成功体験に焦点を当てる新たなリフレクションのアプローチとして，〈コア・リフレクション〉を開発・提唱するようになります。

「強み」は「成功体験」を語る中で鮮明化する

　〈コア・リフレクション〉の「コア」とは，言葉通り，「核心・中核」という意味です。ひとの核心・中核には，ダイヤモンドのように輝く〈強み〉がある，という思想が根底にあります。コルトハーヘンは，この〈強み〉である「コア」を，〈**コア・クオリティ**〉という言葉で表現します。そして，リフレクションを促す・促される関係の中で，他者とともに互いの〈コア・クオリティ〉を探ることが推奨されます。

　例えば，初めて会うひとを前にした際にも，相手の〈コア・クオリティ〉を探ることは難しくありません。相手の表情，身だしなみ，動作や話し方を見ながら，ひとは誰しもが無意識のうちに相手がどのような人間なのか思考し，カテゴライズするものです。例えば，一生懸命言葉を選びながら話すひとを見たら「相手の気持ちを気遣えるひとだ」と思うかもしれませんし，靴がすり減っているビジネスマンを見たら「努力家の営業担当のひとかな」と推測するかもしれません。このように〈ゲシュタルト・レベル〉ないし〈スキーマ・レベル〉で思考している相手に関する情報を，あえて丁寧に言語化する（ここでは〈理論レベル〉まで引き上げる必要はありません）こと。そして，その言語化の際に，「相手の強みや良さに焦点を当てる」こと——これら2つのことを意識するだけで，相手の〈コア・クオリティ〉が見えてきます。

　しかし，より相手の〈コア・クオリティ〉が鮮明に見える場面というものが存在することも確かです。コルトハーヘンは，心理学者ミハイ・チク

セントミハイ（Mihaly Csikszentmihalyi）が生んだ〈**フロー**〉*という概念に着目します。

*p.101参照。

〈フロー〉とは，端的にいえば，ひとが能力を最大限に発揮している状態を意味します。近年の日本では，スポーツ界で使われる「ゾーン」という用語に換言した方がわかりやすいかもしれません。〈フロー〉の状態にあるとき，ひとは通常では発揮できないほどの集中力を現わし，時間感覚を失うほど物事に没頭します。チクセントミハイによれば，目の前にある乗り越えるべき課題と自身の能力とがちょうどよいバランスになった瞬間，フローが起きると言います。トップアスリートが輝かしい記録を生み出すような瞬間は，まさに〈フロー〉状態に入っているといえるのです。ただし，〈フロー〉はトップアスリートなどごく一部のひとにしか経験できないものではありません。ひとは誰しも，この状態になった経験があるはずです。コルトハーヘンは，その瞬間を思い出し，ある種再現するために，成功体験のリフレクションを推奨します。

過去の成功体験について話すとき，ひとは自ずと笑顔になります。聞き手が批判的な態度を取らず，ともに成功体験を喜んだり，褒めたり，受けとめたりしてくれることで，ますますよい表情で語れるようになります。このときこそ，そのひとの〈コア・クオリティ〉が大いに見えやすくなるのです。さらに，語っている内容も成功体験ですから，エピソードの中にもまたそのひとの強み，〈コア・クオリティ〉が溢れます。以上のことから，成功体験について他者と語り合いながらリフレクションすること，その対話の中で見えてきた互いの〈コア・クオリティ〉を言語化し合うことが重要であるといえるのです。

ところで，〈コア・クオリティ〉の種類は，ほぼ無限にあると考えられます。例えば，「やさしい」「頼り甲斐がある」「強い信念を持っている」「決断力がある」など。それと同時に，一人ひとりが，無数の〈コア・クオリティ〉をもっています。コルトハーヘンは〈コア・クオリティ〉を「ダイヤモンド」に例えますが，それは高級なダイヤモンドが無数の側面をもつように削られているのと同様に，各個人の中にもさまざまな側面の〈コア・クオリティ〉があり，場面によってどの側面が輝いて見えるかが異なることを表現しています。例えば，「決断力がある」という〈コア・クオリティ〉と，「思慮深い」という〈コア・クオリティ〉を両方もっているというひとは，少なくないはずです。これらは一見矛盾するようですが，人間には常に決断力の良さばかり発揮しているひともいなければ，常に思慮深いひともいません。でも，だからといってどちらも〈コア・クオリティ〉としてもっていないということにはならないとコルトハーヘンは言います。

「自己」を見つめて，ポジティブに次の行動を選択する

本章の最後に，〈コア・リフレクション〉において活用する図を紹介します。このアプローチにおいては，リフレクションのプロセスを示す〈ALACTモデル〉や，主に自己と他者の関係をリフレクションするために鍵となる問いを示した〈8つの問い〉の他に，リフレクションする対象を分類した〈玉ねぎモデル〉（図表1.2.6）も用います。

〈玉ねぎモデル〉に描かれる各皮（層）は，相互に影響を及ぼしながら，最終的にそのひとが外部の環境にどのように接するか，を定めます。例えば，内側にある「使命」や「アイデンティティ」が，より外側にある「行動」に影響を及ぼすということは，イメージしやすいかと思います。

しかし，現実の日常では，外側の層が内側にある「使命」や「アイデンティティ」に対して圧力をかけ，それらを変容させたり歪めたりすることが多くあります。例えば，「社会人としてはこのようにふるまうのが正常である」という価値観が周囲の「環境」に流布していたとすれば，その価値観はひとの「行動」に影響を及ぼし，徐々に「正常」とされる行動を習得したという「能力」が形成され，「自分は正常な社会人として振る舞うことができる」と信じることにつながり，「正常な人間」というアイデンティティを形づくることにまでつながるかもしれません。このようにして外側からの圧力を受けとめ続けた場合，ふとした瞬間に「正常とはどういうことだろう？」「自分は本当にこのような振る舞い方を続けていたいのだろうか？」と問い始めると，アイデンティティが一気に崩れ落ち，自分なりの生き方を見失ってしまうことにつながります。

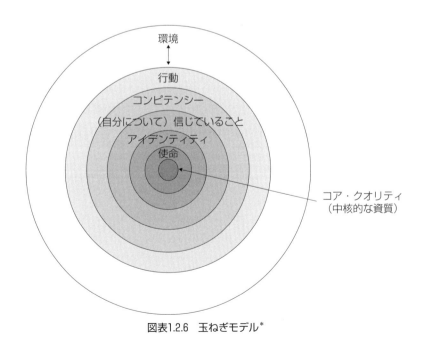

＊Korthagen (2005) p.54を翻訳。

図表1.2.6　玉ねぎモデル＊

このような事態を避けるためにも，コルトハーヘンはリフレクションを通して「自己」をよく見つめることを推奨します。まず他者とともに〈コア・クオリティ〉を言語化し合うことで玉ねぎの中核を自覚できるようにし，そのうえで「そのような強みを持った自分がこの仕事に就こうと思ったのはなぜだったか」「自分はどのように社会に貢献したいのか」といったことを自分自身の目線に立って考え，「使命」を見つめ直すことで，自分の仕事や人生において本当に意味のあるものは何であるのかを確認することができます。こうして〈強み〉をしっかり自覚しながら「使命」について考えることは，自分自身が自己をどのようなものとしてとらえるのかという「アイデンティティ」について見つめ直すことにも繋がり，結果として「非常に実践的な重大な変化」を生み出すといいます。

あなたの〈コア・クオリティ〉には，どのようなものがあるのか。いくつもある〈コア・クオリティ〉の中で，今あなたは特にどれを伸ばしたい，発揮したいと考えているのか。あなたはその〈コア・クオリティ〉をベースに，どのようなことを成し遂げようとしているのか（使命）。そのような使命を担う自分とは，何者であるのか（アイデンティティ）。あなたにはどのようなことを為す力があると考えているのか（信じていること）。そして，あなたには客観的にもとらえられる能力として，どのようなものがあり（コンピテンシー），どのような行動を日頃とっているのか（行動）。それらは，周囲に対してどのような影響を及ぼしているのだろうか（環境）。〈玉ねぎモデル〉に基づくこうした問いを自己に投げかけ，まさに主観に基づく回答を言語化していくことで，否定的になりすぎて次の行動を起こす意欲を失うことなく，ポジティブに次の行動を選択していけるようになるというのが，〈コア・リフレクション〉の考え方です。

以上のように，〈感情〉と〈望み〉，そして〈主観〉や〈強み〉を大切にすることで，ネガティブな思考に偏ってしまっていた〈頭でっかち〉な従来型のリフレクションを乗り越え，より深い気づきと，実際的な行動の変化に結びつけることを提唱するのが，コルトハーヘンのリフレクション論の肝だといえます。

（山辺　恵理子）

1.3 コルトハーヘンのワークショップ

1　コルトハーヘンとリアリスティック・アプローチ

　コルトハーヘンらが2001年に上梓した *Linking Practice and Theory: The Pedagogy of Realistic Teacher Education*（訳書『教師教育学』学文社，2010年）において，とても重視されている考え方のひとつに「リアリスティック・アプローチ」があります。Linking Practice and Theory は「理論と実践をつなぐ」という意味ですが，書中では，授業や書籍などから学んだ教育に関する理論をそのまま実践に適用することで理論と実践とをつなぐというアプローチは実際には通用しないことが指摘されています。そこで実践を中心に据えて，その実践の中から理論を獲得していくというアプローチによって理論を実践とつなぐ考え方が必要だとされています。この「実践を中心にする」ということから導かれた考え方であるために，リアリスティックという呼称になったのだと述べられています。

　「実践を中心にする」ということが誤解を生んでしまうといけないのですが，この考え方は，ただ実践をひたすら積み重ねることを大事にするという意味でも，理論をないがしろにするということを意味しているわけでもありません。リフレクションを通じて実践に埋め込まれている貴重で重要なエッセンスを抜き出し，そのことをもとに理論を獲得していきます。1.2でもみましたが，このようにして導き出された理論（知識・知恵）のことをコルトハーヘンは〈小文字の理論〉またはフロネシスと呼んでいます。この〈小文字の理論〉の獲得の経過において欠かせないのがリフレクションの営みです。

2　コルトハーヘンのワークショップ

　本章では，コルトハーヘン自身がファシリテーションを行うワークショップの様子を紹介していきますが，その特徴を一言で述べるならば，それは「リアリスティック・アプローチを体現化したワークショップ」である，ということです。リフレクションというキーワードからは，「すでに起きた（この場にはない）過去の実践を取り扱う」ように考えがちなのですが，そのことに加えて，この場でワークショップに取り組んでいること自体も「実践の場」としてとらえていきます。そのことは，小文字の理論を獲得していくための"リフレクションの対象"となりうることを意味します。

したがって，参加者にとっては，その場で提示されるテーマやお題に沿ってリフレクションに取り組みながらも，一方で，この場のことや自分自身の状態の変化をモニタリングし，あるいはワークの直後に，そのワークで起きた出来事についてリフレクションに取り組むという「二重の構造」の中に置かれます。

コルトハーヘンはひとつのキーワードを用いてその往来を促しています。それは Here-and-Now という言葉です。「今・ここ」で，という意味ですが，これもゲシュタルト心理学*の考え方を援用していると考えられます。ゲシュタルト心理学によるセラピーの場面では，「今・ここ」の状態（＝ゲシュタルト）を自分自身で感じ取るためワークが取り入れられています。「過去のことについてリフレクションしているこの瞬間の私はどのような状態なのだろうか」ということを診る機会が多く設けられます。例えば，過去の反省したい出来事について想起しているときに，その想起するという所作を行っている今の私はどのような気持ちなのだろうか，よい気分なのか，悪い気分なのか，気が進むのか，進まないのか，この出来事をどのように片づけたいと思っているのだろうか，といったことについて自分自身に問い合わせるのです。

*ゲシュタルト心理学：p.13参照。

この取り組みは，慣れるまでは少々難しい営みだと思われます。なぜならば，ワークとして出されたお題についてリフレクションしている最中に，そのリフレクションしている今のあなたについてリフレクションしてくださいとなると，「その中身についてリフレクションして得られたこと」と「今の状態をリフレクションして得られたこと」の区別が困難だからです。実際には，そのように区別が困難になることを体験することもワークのねらいとなっていることがあります。つまり，区別が困難になっていること自体が，さらなるリフレクションの対象となりうるからです。

ただ，そうは言うものの，無用の混乱を避けるために，多くの場合には，ペアや3人組になって取り組み，他者によってリフレクションの整理をしてもらうという方法を取り入れます。あるいは，ヘリコプターの画像などを用いることによって，今取り組んでいるワークのお題のことをいったん離れて，この場で起きていることや考えていることについて検討する時間だということを示すといった工夫もなされています。

このような形式でワークショップを展開させる理由は，先に述べたように「リアリスティック・アプローチ」を体現化するということにあります。ワークショップの参加者にとって，自分自身の体験を通じて学びを進めていくことが期待できるからです。そこには，体験を通じて得たことは自分自身の学びとして咀嚼して取り込みやすくなるという考え方があるからです。これがリアリスティック・アプローチの考え方です。

学びの構えをつくる

それでは、実際にコルトハーヘンが行ったワークショップを事例としてみていくことで、リアリスティック・アプローチの考え方をさらに詳しく紐解いていきましょう。

> あなたは何を学びたいですか？
> どのようなことを疑問に思っていますか？

コルトハーヘンがファシリテーターを務めるいずれのワークショップにおいても、まずは、上のような質問が投げかけられます。今回題材に取り上げるのは「リアリスティック・アプローチを学ぶ」というテーマが設定されたワークショップです。このワークショップでは、冒頭に次のような問いが投げかけられました*。

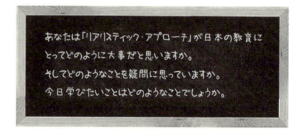

> あなたは「リアリスティック・アプローチ」が日本の教育にとってどのように大事だと思いますか。
> そしてどのようなことを疑問に思っていますか。
> 今日学びたいことはどのようなことでしょうか。

＊3名グループで5分間という時間が与えられましたが、「リアリスティック・アプローチ」が日本の教育にとってどのように大事かというところまでディスカッションが発展していくことはありませんでした。しかし、これからのワークに「興味関心をもって臨むという構え」を作るという視点からは、十分に目的を達したといえるでしょう。

参加者にとって、「まさにそれを教えてもらいに来たのだ」と思うようなことが、ファシリテーターの側から質問として投げかけられます。たとえ同じ質問が参加者の側からなされたとしても、その質問に回答する代わりに「あなた自身はどのようにそれをお考えになっているのでしょうか？」という問い返しが行われます。

ワークショップの冒頭で問いを出す意図は、この問いに対して明確に答えを出すことをねらいとしているわけではありません。これから取り組むワークショップに対する心構えを作ること。〈今・ここ〉にいるということを改めて認識できるように、問いを投げかけるとともに、取り扱うテーマをより具体的に絞ることが目的です。この方法は冒頭に限らずワークショップ全体を通じて取り入れられます。

ワークショップの参加者は、急な問いかけに戸惑いながらも次のように回答しました。

・実習生（集団）に対してどのようにリフレクションを促せばよいのか
・同僚の教師教育者に対してどのようにリフレクションを促せばよいのか

・特に大文字の理論が好きな教師教育者に対しての効果的な方法は何か
・どのようにして個々人の資質やコア・クオリティにたどりつけばよいか(※)
・(リフレクションを行ううえで) 安全な場づくりをどのようにすればよいか
・そのうえで，どのように深いリフレクションを促すことができるのか
・どのように実習生のモチベーションを高めることができるか

〈今・ここ〉で，を意識した展開は，さらに広がりを見せます。コルトハーヘンは参加者からの発言を順番に黒板に書き残していきますが，その途中※印が付された質問が出された場面では，この作業をいったん中断し，この場で（質問者の）コア・クオリティ*について皆で考えるというアクティビティを差し込みます。コルトハーヘンからの投げかけに応じて参加者が，質問者のコア・クオリティを挙げていきます。一緒になってそれほど時間が経っていないひと同士のはずですが，しかし周囲からは次から次へと「積極的」「好奇心が高い」「勇気がある」といったコア・クオリティが寄せられます。どのようにしてコア・クオリティにたどりつけばよいかという質問に回答する代わりに，その場ですぐにコア・クオリティを挙げる実践を体験することによってエッセンスをつかんでもらおうとする試みです。

コルトハーヘンの板書例

*p.24参照。

この展開は，まさにリアリスティック・アプローチを志向した出来事といえるでしょう。参加者（学習者）が質問や疑問をもっているということは，そのテーマに対してより強い興味関心を示していることの裏返しであるといえます。言い換えるならば，その瞬間こそが学習に最適な局面であるということです。その時を逃さずに応えていくことが大切です。

さて，一通りのリストアップが済んだところで，続けて1つめの質問（どのようにしてリフレクションを促せばよいのか？）についてより具体的な検討が始まります。ここでも，参加者への働きかけは質問です。

この質問については，ペアとなって2分間で話し合ってもらうように指示が出されました。ここでも，参加者から出た質問に対して，そのまま直接的に回答するのではなく，「すでにその場で経験したこと」を題材に，学習者自身によって回答を導くことを大事にして進行していきます。今回の質問に参加者から得られた回答は次のようなものでした。

・小グループでの話し合いを行うこと
・学習者（参加者）主導で進めること
・ファシリテーターのオープンで共感的な姿勢
・ファシリテーターが参加者とアイコンタクトをとること
・参加者すべてに役割をもって参加してもらうように促すこと
・グループの話し合いの時間は短く保つこと
・参加者に他の参加者のリフレクションを促す役割があることを認識してもらうこと

すべての場合において，参加者からの回答や提案のみに依るというわけでありません。ファシリテーター側から何か情報や理論を提供することもありますが，その場合にも，まずは参加者からのアイデアや考えを促すことを優先します。それらのアイデアが出てきたのちに，「もしこれらに私なりに付け加えることがあるとするならば」というフレーズとともに，いくつかの意見や考えを最後に追加します。これは主導権を学習者から奪わないための工夫です。

ここまでの経験をリフレクションする

*p.29参照。

ここまで進行してきたところで，ヘリコプター*が登場します（取り組んできたお題からいったん離れます）。次の問いは下図のようなものです。

> ここまでの進行は、ある手順に沿ってファシリテーションを進めてきました。それはどのようなものだと思いますか。

5段階の手順
1. 事前構造化
2. 経験（の活用）
3. 構造化
4. 焦点化
5. 小文字の理論

**p.56参照。

ここでは，あまり時間を取らずに**5段階の手順****（5 Steps Procedure）モデルが提示されました。前置きとなる冒頭の小話から，この最後のリフレクションを促すスキルについて検討するところまで，5段階の手順に沿って進められてきたというわけです。

5段階の手順は，リアリスティック・アプローチを実践するための核となるモデルの1つといえるものですが，その5段階の手順を紹介するのにも，まずは5段階の手順に沿ってワークショップを進行し，のちに「ここまでの手順が5段階の手順であった」ということを打ち明けます。

そして，もちろんこの5段階の手順モデルを確認するために，すでにその場で経験したことを呼び起こします。

> ここまで進めてきたワークを5段階の手順にあてはめるならば、どれがどの段階に当てはまるでしょうか。またその段階で進行上重要なことはどのようなことでしょうか。

　このワークの冒頭では，「あなたはどのようなことを学びたいですか」という問いかけがなされたと述べましたが，実際の場面では，その前段階において「教師教育における課題：理論と実践の乖離の問題」という話題が提供されました。理論と実践が乖離している問題に対して，リアリスティック・アプローチがその問題解決の糸口となりうるのではないかということと，その理論と実践をつなぐ架け橋としてリフレクションが有用ではないかという２点について伝えられていたのです。そののちに提示されたのが冒頭（p.30）の問いです。5段階の手順に照らし合わせると，この理論と実践の乖離の問題について話題提供された時点が第1の段階「事前構造化」のフェーズにあてはまります。続いて，参加者同士での会話を通じて，リアリスティックな教師教育がどのような意義や意味をもつのかという問いに答えていくという経験をその場で紡いでいきました。これが第2段階です。

今・ここでのリフレクション

　ここまで述べてきたように，リフレクションの題材は必ずしも過去に起きたことに限りません*。その場でアクティビティを組み，その経験をリフレクションの題材として第2段階を進行することもできるのです。

　続いて第3段階の「構造化」のフェーズにあてはまるのは，参加者から出された質問の回答を共有する段階ということになります。この事例では，合計7つの回答が出されましたが，この回答は3名のグループごとに1つないしは2つに絞られたうえで共有されたものです。

　この第3段階で重視されることはグループからの意見をすべて「皆に見えるように書き出すこと」と「参加者が使った言葉をできるだけそのまま使う」ことです。自らが考え，発したことが，目に見える形で（そのまま）残されているという状態を作ることによって参加者の気持ちをつなぎ留めます。ファシリテーターが内容を解釈したり，言い換えたりすると，その時点で参加者から言葉が離れてしまいます。そのことはリアリスティックに進めていくという考えにおいて避けなければならないことのひとつです。もしファシリテーターがうまく聞きとれなかったり，理解が難しい場合には，必ず発言者に再度問い合わせ，もう一度説明をしてもらうように促し

*「この場の経験」であったとしても，過ぎてしまった時点で過去に起きたことになるのですが，本文では現在起きていることとして取り扱っています。一方，過去という場合には，この場（ワークショップ）に来る以前に起きたことという意味で用いられています。

ます。

　それが終わると，第4段階の「焦点化」に移行します。このワークショップにおいては，出された7つの質問・関心事項の中からひとつを選び，そのことについて再度参加者にその内容について検討してもらうという手順で進めていました。後の5段階の手順を確認する場面においては，ほかの焦点化の方法についても提示があり，5段階の手順を展開するためのバリエーションが広げられました*。このころには，参加者からも，例えばこの方法ではだめなのか，もっと効果的な方法はないのかという疑問が提起され，ファシリテーターとの間でディスカッションが行われます。具体的には，このフェーズでの進行方法はいくつか考えられ，このワークショップでは，7つの質問・関心のうち取り上げる質問・関心をファシリテーターのほうで指定しましたが，それ以外にも，取り上げたい質問・関心を参加者にゆだねるパターンや，あるいは出された質問の共通項などを探して焦点化していくなどの方法も考えられます。いずれの場合にも参加者から提案された内容は肯定的に受けとめます。なぜならば，それこそがこのワークを通じて導き出された〈小文字の理論〉につながると考えられるからです。

　さて，「焦点化」のフェーズでは，「リフレクションを促す方法」という質問に焦点をあて，参加者に提案を促したところ7つの項目が挙がりました。数回にわたる問いとその応答を通じて，リフレクションを促す方法がまとめられました。こうしてまとめられた内容が〈小文字の理論〉となります。

　ここまで冒頭よりおよそ30分から40分の出来事です。では，この30分から40分の時間を使ってファシリテーター（教育者）が「リフレクションを促す方法」というテーマでひたすら説明的に進行した場合と，どちらが学習者にとって身につく結果となるでしょうか**。

　いわゆるリフレクションという言葉を，言語として，あるいは概念として理解するだけであれば，もしかしたら説明的に時間を使ったほうが理解が進むかもしれません。しかし，「リフレクションを促す」という実践が伴っている場合はどうでしょうか。リフレクションを促す相手もいることでしょうし，環境や雰囲気のあり方，言葉の紡ぎ方など一通りではありません。理解が難しい要素も多く含まれます。5段階の手順を経てたどりついた「小グループで話し合うことがリフレクションを促進する」という実践的な知識は，とある教科書に書かれている「小グループで話し合うことがリフレクションを促進する」という1行を読んで，そのことを理解するよりも，ずっと自身にとってわかりやすく身につくでしょうし，さらには次に自分自身がそれを応用，実践していくことに近づくのではないでしょうか。

　こうした実践的な要素を体得していくためには，やはりこのワークショップ事例のように経験を通じたリアリスティックな学び，リアリスティッ

---

*コルトハーヘンは，1. 事前構造化，2. 経験，3. 構造化，4. 焦点化，5. 小文字の理論となるようにワークショップを進行してきましたが，この順番に沿って進行されていることを明らかにしたのは，すべてが終わってからのことでした。後になって，その場面が5段階のどれにあてはまるかを確認するというワークが続いて行われますが，その際に採用に至らなかった別の進行案が明かされます。

**講義型で進行するのか，話し合い型で進行するのかという方法の違いを比較しているというようにも見受けられますが，そうした形式の違いだけではなく，学習する側が主導権をもって学習をすることができるかという点が重視されます。

それは，経験学習や社会構成主義の考え方が根底にあると考えられます。ひとは学びたいように（意識的か無意識的かは別にして）しか学べないということを追究していくと，ファシリテーターの論理・考え方で一方的に「学ばせる」ことには限界があるといえるからです。

ク・アプローチが効果的なのではないかというのがコルトハーヘンの主張です。それは彼が展開するワークショップの特徴でもあります。教育の場面は，特に実践が連続している局面であるといえます。したがって，理論を実践に適用するというモデルはなかなか通用せず，むしろ実践を中心にした新たなアプローチが求められているといえるでしょう。

このことをコルトハーヘンはリアリスティック・アプローチ，つまり実践（経験）から理論を獲得していくという学びのあり方だと称しています。

3　リアリスティック・アプローチと教育者の役割

さて，ひとつのワークショップの展開を追いかけながら，その背景にあるリアリスティック・アプローチの特徴について検討を進めてきましたが，本書の主題である「リフレクション」の観点から，この事例における重要な点についてまとめておきたいと思います。

これまでみてきたように，このワークショップ事例では常にリフレクションの対象となる事柄が並行して2つ存在しています。1つは過去について，もう1つが現在についてです。このうち，このワークショップでより焦点があてられるのは後者の方です。リフレクションしている私（たち）をリフレクションするという行為が大切にされているのです。その理由は，リフレクションという営みが未来志向で行われるからだと考えられます*。当たり前のことですが，過去に起きた出来事は，その事実も，そこで自分自身が行った行為も，感情や望みもすべて過去のものであって，その当時のことを変えることはできませんし，その点を詳細に確認するだけでは特に未来につながることはありません。未来につなげるためには，その内容を確認した時点で過去から現在に戻ってきて再度リフレクションをする必要があるのです。

*p.23も参照。

過去のある教室の場面の出来事を，今振り返ってみると，確かにその行為はよくなかったなと思えることがあったとします。しかし，その過去の時点において「よくないことだけれども」と思いながらその行為をすることは基本的には考えにくいことでしょう。その時はよかれと思ってやったことでも，後から考えてみるとよくなかったと思える。この違いはどこから来るのだろうかという問題に決着をつける必要があります。その時に陥りがちなのが，この過去の出来事を詳細に検討し始めるという落とし穴です。この問題に決着をつけるためには，その一方で存在している，今の私がなぜ過去のことをよくなかったと考えるのか，という点を検討することが必要です。この2つの視点を併せて比較しなければ，この先の行動の変容にはつながりません。

そのようなことから，コルトハーヘンのワークでは，〈今・ここ〉につ

なぎ留めておくための働きかけが常に行われます。そのために一番よく用いられる方法が「質問をする」ことだといえるでしょう。どのようにリフレクションを促せばよいのか，という質問に応えるのではなく今私はどのようにリフレクションを促されているのかを体験できるように展開します。

本節の最後に，このワークショップ事例から抽出すべきポイントをもう1点挙げておきたいと思います。

それは，ファシリテーターが果たすべき役割についてです。ワークの解説を通じても，リフレクションを促す，あるいはリフレクションが促されやすい環境を構成する，質問を投げかける，ワークを進行する，事前構造化となる話題を提供するなどの役割を挙げてきましたが，このどれにも共通することは，学習活動，あるいはリフレクションの活動をするために，ファシリテーターが学習者の考えや価値判断に直接的に介入していくことはめったにないということです*。これは，これまで学習者に主導権があるという言葉で表現してきたことです。たとえ，学習者から望まれたとしても，何かを示すことは原則として考えられません。

しかし，一方では，テーマをもってワークショップを進めなければならないという使命をもっています。単に参加者同士で話をして，何か過去のことについて振り返るという営みだけでワークショップが成立するわけではありません。そのために，ファシリテーターは，学習者から主導権を奪わないように細心の注意を払いつつ，しかしそのテーマについての学習が進むように全体をデザインする必要があります。このワークショップ事例で考えるならば，冒頭の事前構造化において提示される話題や，焦点化の段階で取り上げる話題とその選び方，そして小文字の理論の段階において，「あえてつけ加えるとするならば」という言い方で付加される意見などによってその方向性を見失わないように工夫しているのです。加えて，進行上の工夫だけではなく，そのワークショップ全体を題材とした新たな学びを紡ぐ，ここでは5段階の手順そのものを学ぶという段階を設けることによって，参加者により広く深い学びを提供することも可能となります。

（坂田　哲人）

＊ファシリテーターが学習者の考えや価値観に直接的に介入しないということは，ファシリテーターの介入自体を否定しているものではありません。テーマを設定することや，ほんのわずかな意見を述べることに加え，コルトハーヘンは「時間をどのように設定するか」に細やかな配慮を行います。短い時間単位で，ひとつのことにはまり込まずに進めていくのが特徴です。一方で，コルトハーヘンは「講義型（一方通行型）」の進行が部分的にあってもかまわないと述べています。時にはワークショップの展開が設定しているテーマからはるかに逸脱してしまうこともあるでしょう。その際には，大きく軌道修正をすることも必要な場合があるからです。しかし，不必要にそうすることは避けなければなりません。

読者のあなたへ ： 「いま、ここで」 のリフレクション

いま何を考えていますか？
どのように感じていますか？
この内容をどのように活かしていきたいと思いますか？
今のあなたにとって一番大事だと思えることは何ですか？

2部 リフレクション・ワーク 実践編

2.1 ALACTモデルを活用したリフレクション

> ▶目的　学習者自身の経験をもとに、ALACTモデルを用いたリフレクションのプロセスをたどることを通じて、行為の背景にある本質的な諸相への気づきを深めることを目的とする。
> ▶対象　学校教育や保育、看護の現場、企業活動等において、個人またはグループなど。

　学校教育や保育、看護の現場、企業活動等で働くひとにとって、例えば、児童生徒、クライエント、あるいは同僚等との日常的なかかわりの中で、うまくいかなかった、違和感を覚えたという場面に出会うことがあります。このような時は、どうしても「どうすればよかったのだろう」「他にどのような方法があるのだろう」と、急ぎ改善策を求めたい思いに駆られます。このALACTモデル*は、このように、うまくいかなかった、違和感を覚えた場面などをもとに、その背景や意味等を掘り下げて考え、自分自身を深く見つめるなど、専門性発達につながる学びを促すリフレクションモデルです。

　つまり、それぞれの行為を自分自身の思いやその時の気持ち等と照らし合わせ、丁寧にみていくことを重視します。そして、自らに「省察のサイクルをつくる」ことを目指すのです。こうしたことは経験の浅い学習者に限ったことではなく、経験の豊富な者にとっても極めて重要なことです。豊かな経験はポジティブに働くこともありますが、かえって「変化に柔軟に対応できない」といった阻害要因になることもあるからです。

　「ではどうすればよかったのですか？」と聞く前に、行為に対して、自らリフレクションしながら、行為の背景にある本質をとらえ、改善策を見出していける力は、変化の激しい、また価値観の多様化した社会の中で、それぞれの学習者が成長・発達していくうえで、極めて重要な力となるでしょう。

　このリフレクションは、ALACTモデルを使って実施します。特に、問いかけと話し合いがリフレクションの質に大きくかかわってきます。
　ALACTモデルの汎用性は高く、さまざまな職業、さまざまな場面で活用することができます。実習中の学生と指導者（大学教員等）との間などにおいても用いることができます。

*p.15参照。

経験によるバイアス
コルトハーヘンは、経験に基づく先入観が行動や考え方を規定することを指摘しています（Korthagen et al. 2001）。豊かな経験は教師の成長に大切ですが、例えばそれが、バイアスとなって新しいことに柔軟に対応できなかったり、子どもたちの学び方に対して自分の考え方を押しつけたりすることにつながることもあります。
経験を学びの出発点とした省察を重視する理由のひとつがここにあります。

1 理論を学ぼう

（1）ALACTモデルとは

1部でもみたように，ALACTモデルは，コルトハーヘンが1985年以降の論文で確立した学習者の理想的な省察のプロセスを示すモデルです。"ALACT"は，第1局面のActionから，第5局面のTrialまでのそれぞれの局面の頭文字からできています。

ALACTモデルは，次の5つの局面に分かれ，第5局面の「試行」は，第1局面の「行為」とは異なる行為を実践することを意味し，それは新たな第1局面の「行為」となります。

第1局面　行為（Action）
第2局面　行為の振り返り（Looking back on action）
第3局面　本質的な諸相への気づき（Awareness of essential aspects）
第4局面　行為の選択肢の拡大（Creating alternative methods of action）
第5局面　試行（Trial）

コルトハーヘンによれば*，第2・第3局面は"内的方向に向かう局面"であり，ここでは，状況に対する深い省察が起こることが期待されています。そして第1局面は，"外的方向に向かう局面"，つまり行為に向かう局面です。ここでの土台は，外的方向性をもつ第4局面を通じて作られます。

*Korthagen et al. (2001)

第5局面は，試行，つまり新しい循環の出発点ともなり，第1局面との性質は大きく変わりません。ただし，第5局面はALACTモデルのゴールではなく，あくまでも通過点と考えることが重要です。

なお，ALACTモデルによるリフレクションは，第1局面，つまり学習者が積んだ経験をもとに行いますが，コーチ役（教育者）には，学習者の学びのニーズをもとにリフレクションを進めていくとともに，学習者が新しい学びのニーズに気づくようにするための働きかけやスキルが必要になります。

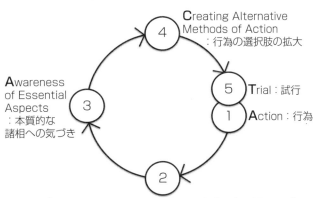

図表2.1.1　省察の理想的なプロセスを説明するALACTモデル（図表1.2.2再掲）

（2）第2局面の振り返りを深め，本質的な諸相への気づきを促す「8つの問い」

ALACTモデルでは，第2局面で行為の振り返りを行い，その本質に気づきやすくするために，「8つの問い」が用意されています（図表2.1.2）。

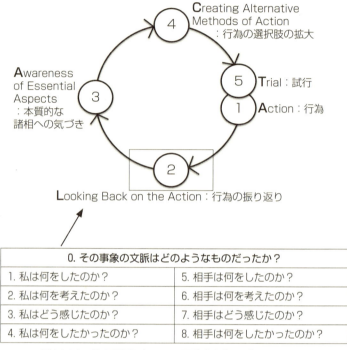

0. その事象の文脈はどのようなものだったか？	
1. 私は何をしたのか？	5. 相手は何をしたのか？
2. 私は何を考えたのか？	6. 相手は何を考えたのか？
3. 私はどう感じたのか？	7. 相手はどう感じたのか？
4. 私は何をしたかったのか？	8. 相手は何をしたかったのか？

図表2.1.2　第2局面において，具体化を促す「8つの問い」

下の，図表2.1.3に整理したように，「8つの問い」の構造は，左半分は自分を視点に，右半分は相手を視点にした問いになっています。さらに，問1と問5は「行ったこと」(doing)，問2と問6は「考えたこと」(thinking)，問3と問7は「感じたこと」(feeling)，問4と問8は「欲したこと」(wanting) に関する問いになっています。

図表2.1.3　「8つの問い」の構造*

*図表2.1.3は，図表2.1.2をもとに，「8つの問い」の質問の意図と立場を構造的に表したものです。

学習者が1人でリフレクションを行う場合などには、第2局面においてこの「8つの問い」を自分に発しながら行為を振り返り、コーチ役と2人で行う場合には、コーチ役が学習者に対して問いかけるようにします。「うまくいかなかった」「違和感を覚えた」などの局面は、どうしても「自分」を視点とした語りになりやすくなります。その時、「相手」を視点とした質問をすることで、第3局面に近づく振り返りが可能になります。

この「8つの問い」の質問項目をまんべんなく言葉にしていくことが、深い振り返りを促し、行為の意味や背景にある本質に気づきやすくしてくれます。

なお、はじめてALACTモデルによるリフレクションに取り組む場合には、コーチ役1名、学習者2名の3名程度で実施するとよいでしょう。報告者以外の2名は「8つの問い」をもとに、丁寧に質問をし、深い省察を促していきます。参加者みんなで話し合いの深まりを実感しつつ、第3局面、第4局面へと進めていきます。第3局面では、"違和感の背景にあった本質は何だったのだろうか"とみんなで考え、話し合い、言葉にしていくことが大切です。

また、リフレクションは、"自己の経験を丁寧に振り返り、学びに生かすこと"を大切にしています。コーチ役には、学習者の経験をいかに引き出し、彼らの学びに生かしていくかという姿勢が求められます。

図表2.1.4は、リフレクションにおける教育者(コーチ役など)の役割を示したものです。学習者の経験を引き出し、学習者自身の学びに生かしていこうとする姿勢は、**B**にあたります。もちろん第4局面で〈小文字の理論〉を提供するときには**A**の役割が役に立ちます。**A**・**B**それぞれの役割を使い分けつつ、深い省察を促していくとよいでしょう。

> **■ALACTモデル第3局面「本質的な諸相」とは**
> 第3局面の「本質的な諸相」とは、自分と相手との間、あるいは自己の内面と行為との間にある不一致や悪循環に向き合い、そこから見出された「違和感の背景にあったものごとの本質」「そこにあった大切なこと」などと言えます。「本質的な諸相」にたどり着くには、第2局面で「8つの問い」を用いて行為を丁寧に振り返ることが大切です。また、コルトハーヘンはこの局面で学習者に自己の経験に向き合わせるには教育者の受容と共感、誠実さが大切であることを指摘しています。
> (Korthagen et al. 2001)

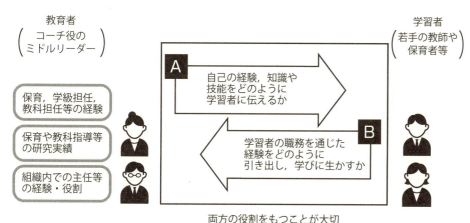

図表2.1.4 リフレクションにおける教育者の役割(教師,保育者を例に)

2 やってみよう！ ALACTモデルの活用

- ▶編成　コーチ役（教育者：ミドルリーダー）および学習者（若手教員3～4人）でグループを編成。
- ▶時間　90分程度（報告者を2人として設定した場合）

　ALACTモデルの **第1局面** は，行為つまり具体的経験を積む局面です。「うまくいかなかったな，どうしてだろう」などと，学びのニーズが生まれるような経験は，学習者が職務や実習等を通じて得ていくことが多いのですが，時には，教育者が，学習者の成長に必要な経験を意図的に積ませ，その経験をもとにリフレクションを行うこともあります。

　ここで紹介する手順は，第1局面で積んださまざまな経験から，学習者それぞれが学びのニーズを感じている経験をピックアップし，報告すること（第2局面）から始まります。

（1）**第2局面の①** 経験してきた「行為」の報告　　（1人3分）

・司会は，コーチ役（教育者）が行います。その際，ここで扱った事例などは外では話さないことなどを確認し，安全な話し合いの場を確保するように努めます。

・時間が十分に取れない場合は，学習者間で報告者を1人決めておき，その報告者が報告した「行為」をもとにグループ協同でリフレクションを行うとよいでしょう。

☐ 事例の報告者は，最近，授業や生徒指導などにおいて経験したこと（その中でも「うまくいかなかったり違和感をもったりした経験」，反対に「うまくいった経験」等を取り上げることも可能です）を，3分程度で報告します。

☐ 参加者（コーチ役と学習者）は，報告に対し，「8つの問い」を意識して聴きます。そして，第2局面において，語りの少なかった項目について質問することができるようにしっかり傾聴しておきます。

☐ 報告者の報告が終わったところで，学習者は，まず事実確認の質問を行うようにします。

2.1 ALACTモデルを活用したリフレクション

「8つの問い」のカードをもって報告を傾聴する

（2）第2局面の② 経験してきた「行為」に対する振り返り

（1人15〜20分程度）

- □ 「8つの問い」のシートを用い，報告者に対して質問しながら，グループ協同で行為に対する振り返りをします。
- □ まず，報告者の報告内容に対して，よくわからない点や確認をしておきたいことなどを質問したのち，コーチ役は，学習者に対し，「8つの問い」を活用しながら，報告者のリフレクションを促すための質問をするように働きかけます。
- □ 学習者は，「8つの問い」をもとに，報告者の語りがなかったり，十分ではなかったりした項目について質問をしていきます。

・（1）（2）で紹介した第2局面①②は，このALACTモデルによるリフレクションの重要なポイントです。参加者（コーチ役と学習者）は，それぞれの報告を聞く際，カードにした「8つの問い」を持って傾聴するようにするとよいでしょう。**図表2.1.2**（p.40）に示した「8つの問い」の表をＡ４サイズ程度に拡大します。

・また，コーチ役は，学習者同士で行為に対する深い振り返りができるようにその場を見守りつつ，必要に応じて質問を促していきます。

・この局面では，1人の報告に対して15〜20分の時間を必要とするので，可能な範囲で報告者の人数を決めましょう。

> コーチ役は，頷きながら共感的に受けとめつつ，「8つの問い」を意識しながら傾聴します。そうすることで，より深い振り返りを促す質問が可能になります。

（3） 第3局面 「行為の振り返り」から見えてきた本質を探る　　（1人10〜15分程度）

> ☐ 第2局面の話し合いの深まりをとらえながら，コーチ役は，報告者の報告内容について，例えば「あなたと児童生徒の間，あるいはあなた自身の内面と行為の間にはどんな不一致や悪循環があったか」「違和感はどこから来ていたか」「違和感の背景にある本質は何か」「それはどんな意味をもつのか」と，徐々に行為の本質を考える質問を投げかけるようにします。
>
> ☐ この局面では，事例を事例のまま終わらせることはしません。学習者は，行為の背景にある本質的な諸相に気づくことによって，初めて似た状況に遭遇した際に，以前の経験よりも改善された行為を選択できるようになります。

第2局面から第4局面への飛躍

初任者は，第2局面で自身の行為を振り返った後に，第3局面に行くよりも「では，どうすればよかったですか？」「どんなアイデアがありますか？」と，第4局面に急いでいきたいという衝動にかられます。しかし，それでは深いリフレクションにはつながりません。その行為の背景にあったものは何か，第3局面でじっくり考えることが大切です。

・第2局面における行為の振り返りが不十分だと，第3局面には到達しにくくなります。例えば，「注意を促す」という行為がうまくできずに悩んでいた新任教師の例では，コーチ役や他の学習者と，第2局面で自分自身を掘り下げることを通じて，「生徒との信頼関係をつくることへの不安をもっていた」「自分の考えを生徒にぶつけていくことへの迷いがあった」などといった，行為の背景にあった本質に行きついていくことができます。

　このように，第3局面では，やや抽象化された言葉で整理されていきます。行為の背景にある本質的な諸相への気づきを促すためにはコーチの支援がとても大切になります。

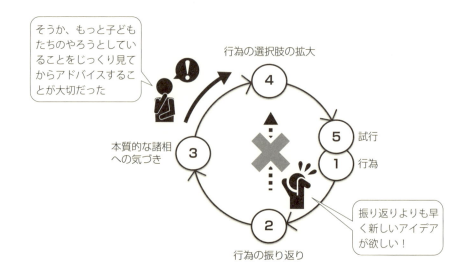

(4) 第4局面 「行為の選択肢の拡大」　　　（1人10分程度）

> □ 本質的な諸相に気づいた学習者は,「次（回）はこうしてみたい」という思いをもつようになります。そこでコーチ役は,「このような場面では,どのような方法が考えられますか」と投げかけ,参加者が知っている方法を交流したり,検討したりする時間にします。
> □ 第4局面は,第5局面（trial）への橋渡しの局面であり,プラスの結果を予想しながら「今度こうしてみよう」と思えるようにすることが重要です。
> □ 話し合いの深まりをとらえながら,最後には,コーチ役が知っている方法を提供したり,関連する参考文献等を紹介したりします。

・学習者は,本質的な諸相に気づくと,とてもすっきりした気持ちになります。それは,もやもやしていたものが,「本質的な諸相への気づき」を伴って,印象深い豊かな学びにつながったからです。
　そのため,第4局面では,報告者のみならず,この協同的なリフレクションに参加していたメンバーもとても意欲的になっていきます。
・第3局面で紹介した事例を使えば,例えば,第5局面に向けて,「学級のルールを話し合い,基準を子どもたちと一緒に話し合ってみる」などの取り組みも考えられます。こうした取り組みを,期間を決めて,参加者全員がそれぞれ実践し,また次のリフレクションにつなげることも考えられます。その際,コーチ役が次の取り組み目標を示し,参加者に,自分たちがそれまでに知らなかった学びの目標があることに気づくきっかけを作ることも重要です。
・なお,行為を選択する際には,その効果はもちろん,リスクも含めた検討が必要です。そのためコーチ役は,複数の方法を学習者に比較・検討させるなどしながら,よりよい解決方法を見出せるように支援します。

> **■沈黙というスキル**
> 学習者が,省察したり新しい知識を身につけたりするには時間がかかります。その意味では沈黙も大切になります。コーチ役には少々苦しいことかもしれません。学習者がじっくり自分自身と向き合えるように配慮し,本当に必要な時にのみ援助するようにします。

(5) 第5局面 「試行」

・ここでは,第4局面で選んだ解決方法をもとに,学習者が新たなアプローチを試みます。この局面で積んだ具体的な経験は,次のALACTモデルの循環の第1局面となります。
・第5局面の性質は,第1局面と大きな違いはありません。ALACTモデルによるリフレクションに繰り返し取り組むことで,螺旋的に専門性発達につなげていくことが大切です。

（中田　正弘）

2.2 「8つの問い」を活用したリフレクション

▶目的 「8つの問い」を活用して,リフレクションすることの意義に気づいていく初歩段階の具体的な練習。ある場面や事象について自分のとらえ方の特徴や傾向に気づくことを目的とする。また,ある対象について集団で話し合う際に,メンバー間で噛み合った議論へと向かわせるよう焦点化する練習となる。

▶対象 グループ(あるいは,個人)

　前章では,コルトハーヘンのALACTモデルについて,なかでも,第3局面でとらえる,〈行為の本質的な諸相への気づき〉を促すために,「8つの問い」に焦点化しながら,振り返りをより深めるためのワークを解説しました。では,ここでは,なぜリフレクションが重要となるのか,従来の振り返りに対して何が異なってくるのか,その違いへの気づきを引き起こして,第3局面で考えていくことの大切さを理解するための「8つの問い」の活用を見ていきましょう。

　だれかが学んでいる場面,または,あなたがだれかに教えている場面。それは,教える者にとっては,自分の行為について振り返りたい最たる対象でしょう。とりわけ,学校や幼稚園などの教育現場では,教育場面(学校では「授業」,幼稚園では「活動のようすや場面」という言い方で語られる)について,同僚やスタッフ間で話し合い,協議や検討を行う機会が多々あることでしょう。

　そのようなとき,その話し合いや協議は,目的意識を共有して行うことを最優先すべきです。全員参加や活発な話し合いを重視するがあまり,つい"ざっくばらんに"と,参加者各自の関心事や個人的な事情に任せて自由に話題を出してもらおうとしがちではありませんか。ところがそうすると,あれこれと視点は広がり,そのため論点も噛み合わせるに及ばず,話し合い全体が散漫なまま終始するといった事態にもなります。より望ましい振り返りにするためには,焦点化すること,焦点そのものに気づくことが大切となります。対象とする出来事や場面をより適切に振り返るうえで,効果的に焦点化していくためにはどうすればよいのでしょうか。

1 理論を学ぼう

　前章で見たように,「8つの問い」は,経験から学ぶための5局面からなるサイクル（ALACTモデル*）をより効果的にたどるための重要なツールです。

*ALACTモデル：p.15, 39参照。

0. その事象の文脈はどのようなものだったか?	
1. 私は何をしたのか?	5. 相手は何をしたのか?
2. 私は何を考えたのか?	6. 相手は何を考えたのか?
3. 私はどう感じたのか?	7. 相手はどう感じたのか?
4. 私は何をしたかったのか?	8. 相手は何をしたかったのか?

図表2.2.1 「8つの問い」**

**Korthagen (2001), 訳書 p.251 図8.2を参照し筆者作成。

　この「8つの問い」は,図表2.2.1のような構造をしています。一番上に0番に当たる「その事象の文脈はどのようなものだったか」があり,その下に左右に4行ずつ,計2列。上から「何をしたのか」（Do）,「何を考えたのか」（Think）,「どう感じたのか」（Feel）,「何をしたかったのか」（Want）,と並びます。左列1番から4番は「私」が主体です。右列5番から8番は「相手」が主体です。私が「教える側」「働きかける側」であるならば,相手は「学ぶ側」「施される側」になるでしょう。

（1）氷山モデルでの説明

　この階層構造について,コルトハーヘンは**氷山モデル**を使って,人間の内面構造と対照させて説明します。このモデルは,海面上に出ている部分を当事者にとっての外的事象になぞらえ,海面下の部分をその当事者の内面になぞらえます。外的事象とは,まさに,その当事者の行為＝していること（Doing）となります。実際の言動として目に見え,第三者からもとらえられるものです。ちなみに,そこでの事実レベルの正確さや客観性はここでは問いません。あくまでも当事者が"何をしたととらえているのか"でかまわないのです。

図表2.2.2

■氷山モデル
氷山の海面上の部分と,海面下に広がる膨大なボリューム部分を対比させて,外と内,顕在的部分と潜在的部分,などの対照的な構造と,幾層にも重なる深層的な構造を説明するのに,古くから心理学など広くさまざまな分野・領域で用いられます。

　その際,当事者の内面としては,"どうしてそうしようと思ったのか"や,"そのとき何を考えていたのか"といった問いで問われる部分,すなわち,当事者の考えていること（Thinking）が潜んでいるのだといえます。行為の理由づけや判断の論理が垣間見えるかもしれません。そしてその奥には,その際の当事者の感情や感性でとらえられる素地となっている部分,すなわち,感じていること（Feeling）のレベルが横たわっています。考えや思考といった理性的な部分の下層に,感情を位置づけているわけです。さらにいちばん底には,望みや欲求のレベル,何を望んでいるのか（Wanting）があるのだという構造を説明したモデルです。

ここからわかることは、ひとの行為には、思考レベルでの理由や背景があり、その背後には感情が潜み、それらを突き動かす原点に欲求があるのだと説明されることです。

（2）エレベーターモデルでの説明

さらに、ひとは、ある行為に際して、この各層をあたかもエレベーターのように上下するのだとコルトハーヘンは説明します。しかも、じっくりと上下ではなく、瞬時にです。どの行為にも、そうした内面での思考～感情～欲求の上下運動があって、望みや欲求に根差しながら感じ考え、理由づけや判断をして、行為に及んでいるととらえられます。この上下運動はまた、多くは無意識に行われるものです。リフレクションでは、そこを丁寧にたどることが、第一の押さえどころです。ひとの行為（行動やことば）のとらえ方が振り返りの基本となることを確認しておきましょう。

もう一点、この「8つの問い」の縦列4段は、その並び（したこと－考えたこと－感じたこと－したかったこと）で上下し、つながって、相手の上下と連動することが重要です。左列の1～4まで降りるとそこから右列の上段5へと連なり8まで降りる。そこから再度右の1へ戻り4へと繰り返して…、と連続するもので、横に倒した8の字（"∞"）のつながり方で、自分の内面と行為が、相手の内面と行為とつながってとらえられます。上下左右が∞の字につながるようすの気づきが第二の押さえどころです。

> **■エレベーターモデル**
> 人間を前頁の氷山モデルのように見立て、アタマの位置に「考えていること」、胸の位置に「感じていること」、お腹の位置に「望んでいること」を象徴的に置いて、アタマからお腹へと上下往復するようすを、エレベーターの動きになぞらえ、身体感覚とリンクさせたモデルです。

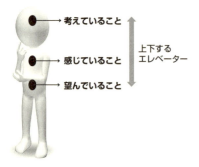

図表2.2.3　エレベーターモデル

2 やってみよう！① 「8つの問い」を埋める

では、「8つの問い」を実際に使ってみましょう。オリジナルの表では0番の「文脈はどのようなものでしたか」が最上段に位置しています。本来、ある場面を振り返っていく際に、その場面の状況に固有な特徴や見過ごすべきではない要点を押さえるためのものです。この0番について、ここであまり深追いしてしまうと、その場面をどう認識していたのかという確認作業になってしまい、かえってその後の1～8の空欄を考えていくプロセスを妨げかねないことに留意してください。あくまでも、誤解や重大な情報の欠落がないように確認しておくというつもりでよいでしょう。

（1）「8つの問い」概観

では、先ほどの氷山モデルに沿って、各欄をみていきましょう。

①「何をしたのか」

この欄は、いわゆる事実としての"した行為"を書き出すところですが、

厳密には，客観的事実ではないかもしれません。書き出されるのは，当事者が「何をした」と思い込んでいるだけかもしれないのです。ですから，まずは書き出すにあたってその正誤は問いません。主観的な事実でかまわないのです。この「したこと」から「したかったこと」への書き分けをトレーニングしていくことで，少なくとも「したかった」ことと「したこと」には違いがあるのだということも意識するようになっていくでしょう。言ってみれば，"私"が描き出す事実から意図を引き剥がすような作業ではないでしょうか。

② 「何を考えたのか」

これは，意図や方向性（どうしようと考えていたのか）という大枠のレベルのものもあれば，その場面で当事者のアタマの中にあった，より局所的で瞬間的な課題や関心事かもしれません。例を挙げれば，「時間が気になっていて，どう展開しようかと考えていた」とか，「次に喋ろうとしていた内容が曖昧なままで，アタマの中で確認していた」等々のようなものでかまいません。ここでも最初は，しっかり構造的にとか，より適切なものを挙げようといった構えた分別は必要ありません。率直に，その行為の瞬間，内面では何を考えていたと思い出されるのか，に答えることから始めるとよいでしょう。

③ 「どう感じたのか」

この問いは，これら4つの中でも，とりわけ日本人にはあえてことばにして表現するのが苦手であるように思われます。それは，「考えたこと」と「感じたこと」が混じってしまったり，「考えたこと」を「感じた」と表したりすることから来ているようです。上記②の例で説明すると，「時間が気になると感じていた」と答えたりします。しかし，正確に表すと，「時間が気になる」ととらえている（＝考えている）ので，感じていたのは〈焦り〉や〈不安〉なのかもしれません。逆に「時間を気にはしていた」ものの，経験上なんとかなるからと比較的気持ちは〈冷静〉であったのかもしれません。つまり，そのとき考えていたことと，その時の自分をどのような「感じ」（Feeling）が覆っていたのか・まとっていたのかは別問題としてとらえられるということです。

手掛かりとして，まずは，複雑で微妙な感情を避けて，例えば〈快〉か〈不快〉かに大きく二分したらどちらか，と自分の感情を意識し直すよう心掛けてみたり，「イライラ」「ワクワク」「しんみり」といった**オノマトペ**を使って表してみることを促してみるのも一手です。その状況の〈感じ方〉を表すことばを，自らも模索しながら，次第にうまく表していけるようになるのだと考えておくとよいでしょう。

④ 「何をしたかったのか」

一見それは，その当事者の意図とも読めるものです。ここを書き出す際

オノマトペ
擬声語（「ワンワン」「ぺちゃくちゃ」など）・擬音語（「しとしと」「ズドーン」など）・擬態語（「キラキラ」「どんより」など）・擬容語（「ぼーっと」「うろうろ」など）・擬情語（「どきり」「やきもき」など）など，音や状態，動きなどを象徴的に表す語。日本語は特に豊かだとされ，繰り返し言葉（畳語）はなじみ深く思い浮かべてやすい。

に，あまり細かく，分析的，構造的にとらえない方がよいかもしれません。思考レベル（考えていたこと）に立ち戻ってしまうことにもなりかねません。また，あまりにも根が深く，ことばに表すことがためらわれることもあるかもしれません。感情のもうひとつ奥にある，本心レベルで，自分は何をどうしたかったのかと明らかにすることは，核心に迫る重要な問いであり，ここに向き合えるということが，リフレクションにとっては肝要だといえるのです。

（2）実践："空欄"に気づく

「8つの問い」の活用は，これら4行×左右2段について埋めていきますが，1から4への順番で，必ずしもひとつひとつきちんと埋めてから次に進むというものではありません。まずは，その時点で気づけていることとして埋めていけばよいので，どこが空いているのかは気にせずに進めていくよう促しましょう。

一方，右列は「相手」についての5番から8番の問いです。左列の1番から4番までと同様に，相手に思いをはせながら埋めていくよう促します。

コルトハーヘンは，実習生が初期段階ではこの右列の空欄を埋めることを苦手とする傾向があると指摘します*。経験の浅い教育者は，児童生徒がそのとき，何を考えていたのか，どう感じていたのかなどは，まだ見当をつけにくいものだからです。ですから，もちろん，埋まる，埋まらないに強くこだわりすぎないようにします。

＊Korthagen（2001），訳書 p.250

こうして右列もたどって埋まるところは埋め，一通り8つの空欄全体を当たります。ここでまずは第一の重要な気づきを扱いましょう。すなわち，埋まる・埋まらない，です。どこが埋まっていないのか，そこが気づきやすいはずです。

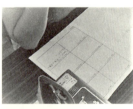

1.	5.
2.××××…	6.××××…
3.	7.
4.	8.

1.××××…	5.
2.××××…	6.××××…
3.××××…	7.
4.××××…	8.

1.××××…	5.××××…
2.××××…	6.××××…
3.	7.
4.××××…	8.××××…

例えば，全体に空欄が多い場合。このようなひとは，まず，振り返りという行為自体に不慣れなのでしょうし，不要と思ってきたのかもしれません。

次に，列が偏る場合。たいていは「私」側が書けても，「相手」側が埋まらないことが多いでしょう。意外なほどに，その場面で相手のことを考えていないことに気づかされるかもしれません。

また，ある行だけがすっぽりと抜ける場合。例えば，感情について，ほとんど気づいていない，あるいは，意識していないということがありえます。

こうした，〈埋まる・埋まらない〉ことへの気づきを通して，その場面での当事者について，あるいは，相手について，どのようなとらえ方をしているのかを見渡すことができることになります。

（3）実践："空欄"のあいだの関係をみる

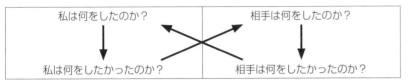

次のステップとして，各問いのあいだに「矢印を書き込む」作業が効果的です。どの欄がどの欄へとつながっていくのか，影響を及ぼしていくのか，矢印を書きながら，その関係性に気づいていくことになります。

この作業で，コルトハーヘンは，その場面でとった行為について，いかに感情が大きく起因しているかを思い知ることになるといいます*。もちろん，そのことだけに気づくことがゴールではありません。いかに感情がその場面場面で私たちの行為の選択を左右するのかに気づくと同時に，それがまた相手の反応や動きにつながっていくそのサイクルに気づくことで，その場面を立体的にとらえ直し，そこに潜む課題に迫っていけるのです。

*Korthagen（2001），訳書 p.253

3 やってみよう！② 「8つの問い」で同じ場面を見る

では，「8つの問い」を使って，実際に集団に対してリフレクションの導入として試みた実践例をみてみましょう。

教育や保育の現場では，"校内研""園内研"と称する，研究テーマを掲げて教職員同士で活動について議論し検討する機会があります。このような場には，どこの現場も抱えるある重要な課題が潜んでいます。それは，メンバー間の視点のバラツキです。気づくかどうかという視点の有無のバラツキや，気づきの深さ浅さという質のバラツキもあり，経験やキャリアに伴って違いが表れます。問題は，そのバラツキはあるのが当然ですが，対処の具体策や意識が無いまま暗黙裏に協議を進めてしまうと，議論が空中戦やすれ違いに終わり，うまく振り返りにならない点です。

（1）研修のねらい

いきなりその日の検討事項，ここでは公開授業そのものを「8つの問い」で説明や分析をしてみせるわけではありません。まずは，"ある場面"をどうとらえているのかに気づき直すことをねらいます。リラックスした雰囲気で，素直に取り組んでもらえるよう努めます。

（2）題材とする場面の共有

ここでは，映像資料を用います。共有したいあるひとつの場面に基づいて，「8つの問い」のワークシートを埋めていくことにします。

映像資料は，参加者が共有しやすいものを選びます。例えば，幼稚園の研修で小学校の授業場面を扱うことは適さないでしょう。もちろん，応用的に，異なる学校種や大きく違いがある場面をともに見て学べることも十分ありますが，まずは集団としてのトレーニングと考え，共有可能性を大事にしましょう。また，どこかの"ある"実践風景を扱うことで，自分たちの教育実践が直接取り沙汰される＝批判されるのではないのだという安心感に配慮した点も重要です。

映像の長さとしては，45分や50分という一般的な授業の単位時間にこだわる必要はありません。一連の出来事として区切られたひとまとまりの場面です。実際にこの事例では，他の学校で実施された授業（5年生社会科）の映像記録から，10分ほど切り取って映像資料にしました。映っている内容として，学年段階や教科・領域，中身などはこだわりません。むしろ，授業者と学習者の反応やようすが両方とも映っているような映像であることに留意します。それは，主体としての教育者と学び手の両方のようすに気づくことのできる題材をという含意です。ちなみにその映像が，中高・大学と，慣例的にも講義形式である割合が高くなるほど，教育者が喋る／働きかける比率が圧倒的に多くなり，反面，相手＝学び手への気づきに及びにくくなることにも注意が必要です。

（3）場面の記述

「8つの問い」のワークシートに，各自で書き込んでいきます。ここでは映像資料の中の出来事を客観視するつもりで書いてもらいます。そうすると左は映像の中の教師，右は児童生徒となります。できるだけ，リラックスして，埋まる・埋まらないは気にせずに，書き出してみるよう促します。作業そのものは映像の中の教師について書いていくのですが，その行為や思惑に思いを馳せはじめると，教師を務めている自分自身にその姿を重ね始めるひとも出てきます。この時点でもう気づき始め，埋まる・埋まらないに気がつき，いきなり「へぇ…」「そうか…！」などのつぶやきや感嘆の声をあげる参加者もいました。反面，他のひとが何に声をあげているのか当惑したままのひともいます。この時点で，すでに何かに気づき始めている参加者には，個別に，その気づきを欄外にメモしておいてもらうよう指示しました。

（4）〈気づき〉に気づく

　まずは，各自個人で自分の〈気づき〉に気づいてもらうために，ワークシートを見返してもらいます。見渡させるために，「そこから何か気づきますか？」という問いかけもあるでしょう。また，「何が埋まりませんでしたか？」「逆に，埋められたのはどこですか？」と，部分的な空欄を意識させながらも，"書いたこと"をメタ的に意識させる問いかけもできます。日本人は特に，できたことの自覚・承認よりも，できなかったことについ意識が向きがちだと考えられるからです。

　さらに，まわりの席のひとと見比べ，互いの違いや特性に注目するよう働きかけます。同じ場面をみても，こうも視点やとらえ方が違うのかと，まずはメンバー同士でその違いの前提とバラツキを共有することもねらいなのです。それは，これまでそのバラツキをおざなりにしたまま，授業や対象についての協議をしていた可能性があり，そこから生じる議論のズレや噛み合わなさはよい学びを生みにくいのだという気づきへの土台になることでしょう。

　回数を重ね慣れてきたら，なかから代表的に記述例を取り上げて，気づきを出し合わせ共有していくという手法もとれますが，その集団の成熟具合い次第であることは言うまでもありません。いきなり，全体の中で自身の気づきをさらすことのマイナスの側面にも留意する必要があるのです。

（5）手当てやフォロー

　補足ながら，埋まる・埋まらないの個人差や偏りを評価したり適否を問うこと自体は，さほど重要ではありません。むしろ，そのバラツキへの驚きと自覚，8問を広く見渡す事象への見方の深まりの実感を確認し，このワークシートを集団や個人で習慣化するよう提案して研修を結びました。

　参加者は，一見簡単な（＝安易だと思いがちです）ワークが，思いの外，自分自身の内面の特性に届くことへの感心や驚きを感想に書き残していました。このワークの学びとして，①互いに同じ物事を見てはいても同じことに気づいているとは限らないこと，②だからこそ対象を従来以上に丁寧にとらえようと意識すること，③話し合いにも①や②の共有が前提として重要だと気づくことが挙げられました。

　この「8つの問い」の見方が意識され，共有されていくことは，当事者や相手の行為や内面の動きを厚く見取り，検討する事象について語り合うべき問題の本質に迫れるような見晴らしを持てるようになるための手立てとなるのです。

（矢野　博之）

2.3 グループ協同で取り組む アクション・リサーチ型リフレクション

> ▶目的　職務における日々の諸活動から課題を取り上げ，その背景をリフレクションし，具体的な対応策を検討して，改善に取り組む。
> ▶対象　同じ課題・企画にあたるチームや，組織の若手育成OJT，実習生やインターン生など。

*J.デューイ：p.5参照。

**D.ショーン：p.3参照。

　経験から学ぶことの重要性は，デューイ*やショーン**をはじめ多くの研究者によって指摘されてきました。しかし，日々の職務を通じて得られた豊かな経験が，学びの対象にならず，やりっぱなしになってしまいがちなのも事実のように思います。その理由はいろいろ考えられますが，今日においては，仕事の忙しさやそこから生じる多忙観が，経験をじっくり振り返るゆとりを奪っていることも確かにあるのではないでしょうか。

　ここで紹介するアクション・リサーチ型リフレクションは，現代人が職場で日々多忙な状況に置かれていること等を勘案し，職務と一体化させながらリフレクションする方法です。

　例えば，教師であれば，日々の学習指導の中で，指導方法に関することあるいは生徒指導に関することなど，悩みは尽きないことでしょう。しかし，それらの課題は，書物だけを読んでもなかなか解決しないものです。

　ここで紹介する方法は，先輩や同僚との打合せの時間や若手OJT研修等を利用し，日ごろの問題意識（教師の例だと，学習指導や生徒指導，学級経営上の課題等）を見つめ直し，その改善のための実践に取り組み，さらに結果をリフレクションすることを通じて，専門家としての力量向上を少人数チームで協力して目指す方法です。アクション・リサーチ型としたのは，参加者とコーチ役（教育者）のミドルリーダーが，日常の職務を通して，実践的に解決を図っていこうとする点にあります。さまざまな職業で実施できますし，実習やインターン中の学生を対象に，指導教員や大学教員との間で活用することもできます。

1 理論を学ぼう

(1) アクション・リサーチとは

　ここで紹介するリフレクション手法は"アクション・リサーチ型"です。ではまず，アクション・リサーチとはどのような研究方法なのかを見てみましょう。

　アクション・リサーチは，アメリカの社会心理学者**クルト・レヴィン**によって提唱された研究方法です。それは，実践の場で起きる問題，実践から提示された問題を分析して探究し，そこから導かれた仮説に基づき次の実践を意図的に計画実施することにより問題への解決・対処をはかり，その解決過程をも評価していく研究方法です*。

　つまり，日常の職務や実践の中で生じた課題に焦点を当て，同僚や研究者との協同により，その解決を目指すとともに，実践過程や結果をリフレクションすることを通じて，新たな知や方法を発見していく実践的な研究手法だといえます。

　また，教育におけるアクション・リサーチは，教師が研究者とともに自己理解を深め，質的な調査によるデータ収集を通じて対象者である生徒理解を深める方法であり，専門家としての教師のあり方が中心的な課題とされています**。

　アクション・リサーチ型リフレクションは，このようなアクション・リサーチの方法を基礎としつつ，学習者とコーチ役のミドルリーダーとが，職務を通じて，持続的かつ省察的に取り組む実践研究です。

　なお，アクション・リサーチは，教育に限らず，さまざまな分野で適用されているため，その方法は，必ずしも限定された手続きや形態にこだわりません。ただし，ここで紹介する"アクション・リサーチ型リフレクション"では，以下の点を大切にしています。

> **クルト・レヴィン**
> Kurt Lewin (1890-1947)
>
> ドイツ・モギルノ（現ポーランド領）生まれの社会心理学者。1933年にアメリカに亡命。マサチューセッツ工科大学にグループダイナミクス研究所を創設し，集団での意思決定やアクション・リサーチなどの研究・開発を行いました。社会心理学の父ともいわれます。

*秋田・市川（2001）

**佐藤ほか（2005）

---

① 自己の職務上の課題の解決を目的とすること
② 解決すべき課題を有する学習者と教育者がともに実践研究に取り組むこと
③ 解決すべき課題の抽出やアクション（実践）の結果に基づく検討では，学習者や教育者を含むメンバーの協同的なリフレクションを重視すること
④ 自己の職務上の課題の解決を目指すとともに，参加者の専門家としての発達が促されること

*5段階の手順：p.32参照。

（2）グループリフレクションのための5段階の手順

アクション・リサーチ型リフレクションには，もうひとつの理論的背景があります。それは，コルトハーヘンらが1993年に開発した**5段階の手順***（図表2.3.1）です。

```
学習者グループを指導する5段階の手順
  1. 事前構造化 ←
  2. 経験
  3. 構造化
  4. 焦点化
  5. 小文字の理論
```

**リアリスティック・アプローチ：1.3（pp.28-36）参照。

図表2.3.1　リアリスティック・アプローチ**で教育実習生のグループを指導する際の5段階の手順の概要***

***Korthagen, et al.(2001)

まず，各段階が，どのような役割をもつのかその概要をみていきましょう。

①事前構造化：学習者が，第2段階で経験することについて，事前の構造化を図るための課題を与えられる段階です。
②経験：与えられた課題に基づく経験を積みます。例えば，発問の仕方に悩む若手教員なら，思考を促す発問を作り，実践を通じて検証するというような課題などが考えられるでしょう。
③構造化：学習者は，経験したことを報告し言語化します。そしてコーチ役とともに，その経験を構造化，すなわち，明確化や分類，一般化を通してゲシュタルトを焙り出します。
④焦点化：経験を構造化した後で，それらの経験や引き起こされたゲシュタルトに焦点を当て，より詳しく検討し，深い気づきをもたらします。
⑤小文字の理論：コーチ役が，焦点化の段階で検討した事柄について，理論的な解釈を加えたり，異なるカテゴリーとの関係性や因果関係について指摘したりするなど，理論的な概念や原理を提示します。コルトハーヘンは，ここで扱う理論は，**学問知（エピステーメー）**ではなく，**実践知（フロネーシス）**の形を取ることが望ましいと指摘します。

> **学問知（エピステーメー）と実践知（フロネーシス）**
> コルトハーヘンは，教師たちのスキーマは学問知（エピステーメー）よりも実践知（フロネーシス）を多く含んでいるといいます（Korthagen, et al. 2001）。それは状況を抽象的に理解することよりも，実際の場面で大事な特徴を理解できるようにならなければならないという必要性に由来しています。

さて，コルトハーヘンらは，この手順を，教師教育におけるグループ・セミナーの中で，省察を通して学びを生み出す方法を整理するために開発しました****。アクション・リサーチ型リフレクションも，課題の解決を目指しつつ，参加者の専門家としての発達を期待しています。その際，学習者の経験や問題意識をもとに経験を振り返り，事前構造化を図ることからスタートするこの手順が参考になります。

****Ibid.

2 やってみよう！ アクションリサーチ型リフレクションの活用

- ▶編成　コーチ役（教育者：ミドルリーダー教員）および学習者（若手教員3～4名）でグループを編成。
- ▶時間　課題設定60分程度，実践1週間～1か月，実践後の振り返り60分程度

（1）基本的な流れ

- ・アクション・リサーチ型リフレクションは，図表2.3.2の1～5の取り組みを，小グループ（コーチ役1名と学習者3～4名）で実施します。
- ・図中の2は，学習者自身が職務の中で取り組みます。この流れを覚えると，やがて経験を基礎にした学習サイクルが身についていきます。
- ・図中の1の課題設定の場面と，図中の3の実践後の振り返りはこの手法でとても大切になります。

アクション・リサーチ型リフレクション

1　課題の設定
2　各自の実践・リサーチ（1週間～1か月）
3　検討，構造化
4　整理，焦点化
5　小文字の理論

図表2.3.2　アクション・リサーチ型リフレクションの基本的な流れ*

＊この手法の特色は，課題への取り組みを，職務と一体化させ，かつ期限を区切って実施するという点にあります。図表2.3.2中の2に（1週間～1か月）と書いたのは，職務の中での取り組み期間のめやすです。
また1は，課題設定のリフレクション，3，4，5は実践後のリフレクションになります。

（2）実施方法

<u>1．課題の設定</u>　　　　　　　（個人作業10分，グループの話し合い50分程度）

① 学習者各自の実践または実習において，課題である（あるいは難しい）と感じていることを話し合います。

② 例えば，「クラス全体的に忘れ物が多い」「話し合いのさせ方が難しい」「〇〇科でのノートの使わせ方がうまくいかない」など，課題と感じていることや関心のあることを話題にし，その中から1つを自己の取り組み課題として選びます。学級全体の課題でもよいし，個人のことに対する課題でもよいでしょう。

③ 課題をピックアップできたら，次頁のような図を用いてその背景を振り返り記述していきます。A4サイズの用紙に印刷して用いるとよいでしょう。コーチ役（教育者）は，学習者に対し，教師の視点，子どもの

2部　リフレクション・ワーク　実践編

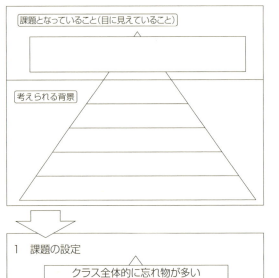

＊右のシート（例）では，三角形を用いているため，「考えられる背景」のスペース（広さ）が，段によって違っています。この実践例では，スペースの違いは考慮していません。むしろ，じっくりと省察しながら，多面的に背景を書いていくことを大切にしています。次頁（p.59）にもシート（例）を示しましたので，使いやすい方を活用するといいでしょう。

図表2.3.3　アクション・リサーチ型リフレクションで使用するシート＊と活用の例

視点，あるいはその他の視点から広く振り返るように促します。

④　シートへの書き込みが終わったところで，グループでの振り返りに入ります。コーチ役が進行を務め，学習者ひとりひとりの課題や考えた背景を報告してもらいます。

⑤　報告の後は，メンバー同士そしてコーチ役からの質問です。大切なことは，起きている課題の背景をいかに多面的に振り返れるかということです。決して「それはこうすればよいのだよ」とコーチ役の経験や知識をもとに解決策を提示してしまうことのないようにします。

⑥　④⑤あわせて1人15分程度です。コーチ役は，課題の背景に対する振り返りが深まってきたと判断したところで，学習者に，その課題に対して，改善に向け，何から取り組もうと思うか，判断を求めます。図表2.3.3の例では「連絡帳の活用が不十分」に網がかけられ，設定した課題に向かって矢印が出されています。これが**「取り組みの重点」**，つまり方策になります。取り組みやすいもの，自分の実践を通じてできるものを選ぶのがコツです。

■**取り組みの重点**
このあとの実践（アクション）のポイントになります。課題の背景として考えられるものから，「これなら効果が出そう」「取り組むことが可能」というものを選ぶとよいでしょう。

2.3 グループ協同で取り組むアクション・リサーチ型リフレクション

なお，取り組みの重点の設定にあたっては，協同で取り組む仲間（現職教員の場合には，若手グループ，学年会などが考えられる）で，共通のものとして設定することも可能ですし，個々のものとして設定することも可能です。

取り組み方には以下のようなパターンが考えられます。
・学習者Aの課題→学習者B，学習者Cも一緒にその課題に取り組む
・学習者A・B・Cに共通する課題を設定→1つの課題に3人で取り組む
・学習者A・B・Cそれぞれの課題を設定→それぞれの課題に取り組む

参考　本リフレクションで使用しやすいシート（例）

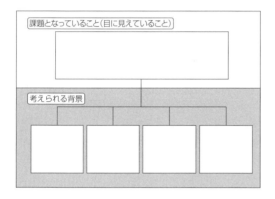

■シートは図表2.3.3で示したものでなければならないということはありません。上のようなシートでもよいでしょう。

■シートへの記入例
・課題「跳び箱をうまく跳ばせられない」
・考えられる背景
　① 練習量が足りないのか。
　② 子どもが跳び箱運動を好きではないのではないか。
　③ 失敗を笑われるのが怖いのではないだろうか（学級経営）。
　④ 自分の指導が効果的ではないのか（教材研究が不十分）。

・課題「質問しても手を挙げる生徒が少ない」
・考えられる背景
　① 発言への恥ずかしさや失敗への不安を感じているのだろうか。
　② 授業に興味関心を感じていないのだろうか。
　③ 指導内容がわからないのだろうか。
　④ 教師の聞き方・発問が悪いのだろうか。

学習者が実践しているときのコーチ役の役割

実践とリサーチの場面では，学習者が，取り組みの重点（方策）を意識して実践に臨むこと，その成果・課題をその都度記録として残していくことを助言します。せっかくの経験がやりっぱなしで終わらないようにするための配慮です。もちろんところどころで実践場面の観察をするのも有効です。
また学習者が実習生の場合には，課題をもって実践に取り組むことを指導教員に伝えて理解を得るなど，学習者が取り組みやすい環境を整えることも大切です。

2．実践とリサーチ

① 実践には，1週間，2週間，3週間，1か月といった期間を設け，改善に向けて個々で取り組むようにするとよいでしょう。教育実習中の学生を対象とする場合は，1週間程度がめどとなります。

② 設定した課題に対し，取り組みの重点（方策）を意識して取り組み，うまくいった場面（偶然も含めて）あるいはうまくいかなかった場面をピックアップします。

　例えば，以下のようなカード（実践メモ）を用意しておき，1つの場面に対して，1枚で記録するとよいでしょう。学習者は，実践が終わったところで，その過程と成果を振り返り，なぜうまくいったのか（うまくいかなかったのか），その理由を整理しておくことが大切です。

---

1. 課題「忘れ物を減らす」
2. 今回の取り組み
 ・「帰りの会での指示を重視し，メモをとる習慣を身につけさせる。（まず1週間継続する）
3. うまくいった（うまくいかなかった）場面
 ・A君は，1週間連続忘れ物ゼロで，本人も自信を持った。
4. なぜうまくいったのか（うまくいかなかったのか）
 ・帰りの会で，時間をかけてメモを取るようにさせたことで，意識化が図られてきている。
 ・忘れ物をしなかったことを積極的に褒めたことが，A君をはじめ，子どもたちのやる気と自信になっている。
 ・しかし，自主的な習慣とはなっていない。子どもと教師だけの取り組みとなり，家庭にまで取り組みがとどいていない。

3．検討，構造化*

（20分程度）

*ここからは実践後のリフレクションになります。

① 「検討，構造化」は，1回につき1つの課題について行います。

② 学習者は，ピックアップした場面を中心に，実践の様子，うまくいった理由（うまくいかなかった理由）などについて，報告します。実践後に作成したカード（実践メモ）が有効に活用できます。

③ 学習者の報告に対し，参加者が質問をしながら振り返りを行います。コーチ役（教育者）は，まず参加者同士の話し合いがどのように進んでいくか注視します。グループ内の話し合いについて共感的に受けとめつつも，多面的な視点で出来事をとらえていけるように導いていきます。その際，コーチ役は，「8つの問い」（p.40）を活用するとよいでしょう。話し合いの中で触れられていない視点を投げかけるときに役に立ちます。

④ ここでは，単に方法論の良し悪しにとどまらず，学習者の実践に向かう姿勢や個々の報告に共通する本質的なものを発見することを期待して

います。

4. 整理・焦点化　　　　　　　　　　　　　　　　　（20分程度）

① 実践とその後の振り返りを通じて明らかになったことを、言葉で整理し、グループ内で共有します。前頁の例でいえば、「学習の準備についての自覚化と習慣の形成を図るための教師の姿勢」「継続的な取り組みとその成果に対するフィードバックや称賛の重要性」といったことに焦点化されるでしょう。

この関係性に焦点化し、振り返りをする。
コーチ役は成果・課題の背景にあった、教師の行為の本質を踏まえ、小文字の理論として提供する。

図表2.3.4　3〜5段階における実践メモを持ち寄った振り返りと焦点化のイメージ

② さらには、報告の際に浮かび上がったゲシュタルトが児童生徒への発問に与える影響、ある能力の観点から見た報告者の長所や課題、参加者に共通する学びのニーズなどに焦点化するなどして、より詳しく検討します。

5. 小文字の理論（コーチ役から助言）　　　　　　（5分〜10分程度）

① コーチ役は課題設定の段階から、それにかかわる事例や理論を整理し、グループ検討の終盤で、必要に応じて解釈を加えたりアドバイスをしたりします。つまり**小文字の理論**です。もちろん、古典的な文献を用いて大文字の理論を教えることもあるでしょうが、ここでは、特定の状況を前に、それらを理解しどう活動するべきかという実践知を身につけることが求められます。

② 最後には新たな取り組みの課題を設定し、再びアクション・リサーチ型リフレクションに取り組みます。

　　　　　　　　　　　　　　　　　　　　　　　　（中田　正弘）

■小文字の理論
コルトハーヘンは、学術書にみられるようなすでに一般化された公的な理論を「大文字の理論」と呼び、実践に即した状況依存的な種類の理論を「小文字の理論」と呼んでいます(Korthagen et al. 2001)。理論と実践の結合を目指す教師教育プログラム等では、小文字の理論の必要性を強調しています。

2.4 イメージカードを活用したリフレクション

> ▶ 目的　言語化されていない無意識な自分自身の思いや行為をリフレクションし，その言語化・意識化を図る。
> ▶ 対象　同じ課題・企画にあたるチームや，組織の若手育成 OJT，インターン生や実習生など

　私たちには，言葉として表せること以上に，言葉になっていないけれど大切にしていること，習慣として取り組んでいることなどがあります。
　また，言葉として日常的に使っているけれど，その意味がよくわかっていないことなどもあります。
　このイメージカードを使ったリフレクションでは，言葉になっていない，あるいは意識化されていない現象や思いなどを言葉にし，意識化したり，それぞれの思い描いていることを共有したりすることができます。
　例えば，新人教師の場合，4月に着任して無我夢中で1学期を過ごすでしょう。そして夏休みを迎え，ほっと一息です。その時，「あれっ，私は何を目指して仕事していたのだろう？」などと，ふと振り返ることがあります。その時，このイメージカードを使ったリフレクションに取り組むことで，自分が目指してきたこと，大切にしてきたことが明確になります。これは教師に限ったことではありません。
　また，学校では，新年度になると新しい学年教師の組織を作ります。そのスタートのところで，目指す学級の姿などを，イメージカードを使ってリフレクションすることで，新たに集団に参加するメンバーそれぞれの思いを共有することができます。校内研究会等でも有効です。研究テーマが目指す授業像を，みんなでイメージカードを使って考えてみることで，それぞれの考えていることを相互に理解したり，目指す方向性を共有したりすることができます。
　さらに，大学のゼミ等でも，新年度冒頭に**チーム・ビルディング**の場面で，このイメージカードを使い，近未来の自分の姿を思い浮かべながら自分自身をリフレクションすることで，それぞれの思いや願いを共有することができます。

チーム・ビルディングとリフレクション
チーム・ビルディングとは，目標を共にする仲間や同僚が，それぞれの強みを発揮しながらチームとして目標の実現を目指すための組織づくりをさします。
そのためには，個々の強みや思い，願いを参加者全員で共有していくことが大切です。
まずは，ひとりひとりが自分自身を見つめるリフレクションが効果を発揮します。

… 2.4 イメージカードを活用したリフレクション

1 理論を学ぼう

	意識的	無意識的
言語的	意識的かつ言語的	無意識的だが言語的
非言語的	意識的だが非言語的	無意識的かつ非言語的

図表2.4.1　思考の4事象*（図表1.2.1再掲）

＊思考の4事象：p.14参照。

　コルトハーヘンは，思考の4事象を上図のように示しています。網のかかった部分（図左上，第2象限）は，意識的かつ言語的，つまり意識していて言葉になっている対象です。よく知っていて言葉になっている対象ですから，何か問題が起きた時にも振り返りやすい対象ということになります。例えば，日ごろよく用いている「○○型思考ツールの使い方や効果」などはそれに該当するでしょう。授業がうまく進まなかったとき，そのツールの使い方・効果は，振り返りやすい対象になります。

　一方で，上図の右下のマス（第4象限）は，無意識的でかつ非言語的な対象です。教育者は，自己の指導観に依拠して授業を展開しますが，自身の指導観は案外，意識化されておらず，また言葉になっていないことが多くあります。

　コルトハーヘンは，例えば，教師は，自分たちの内にある"授業についての**ゲシュタルト**"に無意識に従って活動するものであって，そのゲシュタルトは，生徒としての長年の経験に根差しているため，教師教育を受けたところで変わりはせず，新しいゲシュタルトの形成につながる新しい体験とそれに対する省察が必要であるといいます**。リフレクションは，普段意識しにくいゲシュタルトに目を向け，そこに含まれるものの特徴を意識化していく役割を果たします。

　イメージカードによるリフレクションは，振り返りしにくい対象を，写真等のイメージを使って意識化し言語化することができる手法です。

> **ゲシュタルト**
> コルトハーヘンは，ゲシュタルトは，多様な経験を通じて人々の中に形作られるもので，認知的特質ばかりではなく，感情，ニーズ，価値観や，学びに対する過去の経験を含むといいます。
> また，ゲシュタルトは過去と似た状況の中では，無意識で無意図的に作用するといいます(Korthagen et al. 2001)。本書p.13，22も参照。

＊＊Korthagen et al. (2001)

2部　リフレクション・ワーク　実践編

2 やってみよう！　イメージカードの活用

> ▶編成　5名（経験年数や職層の違うひとが一緒のグループになった方が，話し合いに幅が出ます）
> ▶時間　40分程度
> ▶準備　■イメージカード＊（写真50枚程度）
> 　　下に紹介しているのは，REFLECTで開発したイメージカードの一部です。いろいろな色，知（本），バランス，集中，継続，明るさ，力仕事，混乱，つながりなど，多様な発想ができるような写真が用意されています。
> 　　もちろん，イメージカードを自分で用意することも可能です。その際，ある程度の象徴性や一般性をもったイメージであることが肝要で，逆に，あまりにも具体的でイメージの広がりにくい写真にしないなどの工夫が必要です。
> 　■ワークシート
> 　　ここで紹介するリフレクションでは，このイメージカードを使って，2つのワークショップを行います。その際，イメージしたことをメモできるワークシートがあると効果的です。実際の例については，この後の実践紹介のところで示すことにします。

＊REFLECTで開発したイメージカード（50枚1組，箱入）は，REFLECTのHPよりご購入いただけます。
URL：http://www.reflect.or.jp/

　このワークショップでは，最初に，「理想の教育・授業」について考え，次に，その「理想の教育・授業」を実現するために自分に必要な力は何か，を考えてもらいます。

　もちろん，このテーマは実施目的によってさまざまなバリエーションを作ることができます。

（1）ワークショップ 1 「理想の教育・授業とは？」

　まずは，グループの机の上に，みんながよく見えるようにイメージカードを並べます。ワークシートと筆記用具以外は必要ありませんので片付けて広く使います。

　1つのグループで実施する場合には，コーチ役が司会をしますが，もしいくつかのグループで行う場合には，全体のファシリテーターをコーチ役が行うとよいでしょう。

① 「あなたにとって「理想の教育・授業」とはどんなものですか？」
　参加者が抱いている「理想の教育・授業」のイメージに近いカード（写真）を1枚だけ選んでもらいます。
② 次に，選んだカード（写真）をもとに，自身にとっての「理想の教育・授業」を考えた際に思い浮かぶキーワードを3つ考えてもらいます*。
③ キーワードが3つ出てきたら，それらがどのように関連しているのかを，ストーリーにしてもらいます。
　キーワードやストーリーは，ワークシートを活用し，書き留めておいてもらうとよいでしょう（p.66参照）。
④ ここからは，グループでのシェアになります。以下の手順で進めていきます。
　1）グループの中で司会役を1名決めます。
　2）司会役は，最初にシェアしてくれるひとを指名し，発表者に以下の3つを質問します。
　　ⅰ「選んだカード（写真）を教えてください」（発表者は，他のメンバーに見せてください）
　　ⅱ「そのカード（写真）からイメージしたキーワードを3つ教えてください」
　　ⅲ「3つのキーワードを使って，あなたの「理想の教育・授業」を1分程度で述べてください」

　※ⅲまで1人2分程度です。終わったら大きな拍手をするなど，そのひとの発表を称賛してあげましょう。

*一度イメージカードを使ったリフレクションを行ったあとに，しばらくたって再度実施してみると，選ぶカードや語りが変わってくることがあります。それは，そのひとのその後の経験が，ものの見方や考え方にも影響を与えるからです。
「どうして以前選んだカードと違うのだろう」「何がきっかけになっているのだろう」とリフレクションしてみるのもよいでしょう。

2部　リフレクション・ワーク　実践編

> **参考**　**ワークショップ 1 で使用するワークシート例**

ワークシートに書くことそのものが目的ではありませんので，使用する際には，メモとしての活用を助言するようにします。

＊①で選んだカードは，適宜自分が気に入った名前を付けるとよいでしょう。
またワークシートはあくまでもメモですので，時間をかけて完成させる必要はありません。

~教師としての自分を見つめる~

ワークショップ 1　理想の教育・授業とは？

＊
① あなたにとって「理想の教育・授業」とはどんなものですか？　あなたが抱いている「理想の教育・授業」のイメージに近いカード（写真）を <u>1枚だけ</u> 選んでください。

② カード（写真）を選び終わったら、あなたにとって理想の教育・授業を考えた際に思い浮かぶキーワードを3つ挙げてください。

③ キーワードが3つ出てきたら、それらがどのように関連しているのかを、ストーリーにしてみてください。

① 教師にとって理想の教育・授業（カード（写真）の名前）
［　　　　　　　　　　　　　　　　　　　　　　］

⬇

② カード（写真）から導き出されるキーワード

キーワード①	キーワード②	キーワード③

⬇

③ キーワード相互の関係（3つのキーワードを使い、理想の教育・授業について、ストーリーを作る）

メモ
［　　　　　　　　　　　　　　　　　　　　　　　　　　　　　　］

~グループでシェアをしましょう！~

1．司会を決めましょう　→　今日の司会は（　　　　　　　　　）です。
2．司会の方は、最初にシェアしてくれる方を指名し、発表者に以下の3つを質問します。
　①「選んだカード（写真）を教えてください」（発表者は、他のメンバーに見せてください）
　②「そのカード（写真）からイメージしたキーワードを3つ教えてください」
　③「3つのキーワードを使って、あなたの理想の教育・授業を1分程度で述べてください。」
　　※③まで1人2分程度です。

(2) ワークショップ 2 「理想の教育・授業を実現するためにあなたに必要な知識・技能は？」

ワークショップ 1 に引き続き，同じグループのまま実施します。
1 では，「理想の教育・授業」について，自分のイメージに近いカード（写真）を選び，言葉をつけることでリフレクションしてもらいました。
2 では，その「理想の教育・授業」を実現するために，今の自分，あるいは近未来の自分にとって必要な知識や技能は何かを考えてもらいます。

① 参加者に，今考えた「理想の教育・授業」を実現するために，「今のあなた（あるいは近未来のあなた）」に必要な知識や技能とは何かを考え，必要な知識や技能をイメージするカード（写真）を4枚選んでもらいます。

② カード（写真）を選ぶ際，コーチ役は，次のことを大切にすることを伝えます。これは，自分にとって必要な知識や技能を学校教育の目的や役割に照らし合わせながら多面的に考えるためです。

> 学校教育には「知識・技能の習得」「思考力・判断力・表現力等の育成」「学びに向かう力，人間性の涵養」といった役割があること*。

③ 次に，選んだカード（写真）それぞれから思い浮かぶキーワードを考えてもらいます。そして，4つのキーワードのうち，もっとも重点的に身につけていかなければならないと考えるものを1つ選んでもらいます。

④ さて，ワークシートへの書き込みが終わったところで，ここからは，グループでのシェアです。司会者は，次の手順で進めます。
司会は，最初にシェアしてくれるひとを指名し，発表者に以下の2点を質問します。
ⅰ．「選んだカード（写真）と，それぞれのカード（写真）が『どんな知識や技能』を表しているかをキーワードで教えてください」
ⅱ．「その4つの知識や技能のうち，今のあなた・近未来のあなたにとって『もっとも重要な知識や技能』はどれですか。またそれはなぜですか。2分以内で述べてください」

※ⅱまで1人2〜3分程度です。終わったら，ワークショップ 1 と同様に，大きな拍手をするなど，そのひとの発表を称賛してあげましょう。

*ここでは，学校教育の役割として，2016年中央教育審議会答申「幼稚園，小学校，中学校，高等学校及び特別支援学校の学習指導要領等の改善及び必要な方策等について」で示された「資質・能力の三つの柱」を挙げました。
学力の向上は，学校教育の重要な役割ですが，決してそれだけではありません。人間性の涵養や社会性の育成，コミュニケーション能力の育成なども重要です。
このような学校教育の役割を，4枚のカード（写真）を選ぶ際に伝えることで，自分に必要な知識や技能を多面的に考えられるようにします。より広く一般性も含めた現実的な学校教育の再考をすることで，意味のあるリフレクションにつなげていくことを企図しています。

* ワークショップ①のワークシートと裏表に印刷すると使いやすくなります。

参考　ワークショップ②*で使用するワークシート例

　ワークショップ①では，言葉になっていない無意識の思いに焦点を当てました。しかしその実現には，自分の取り組みが必要になります。
　ワークショップ②では，実現のために自分に必要な知識や技能に目を向けます。これは，現在あるいは近未来の自分に必要な知識や技能は何かを考えてもらうためのワークシートです。まず，イメージカードを使って自分に必要な知識や技能を考え，4つのキーワードで表します。次に，その中で最も大切なものを選びその理由も含めて報告し合います。

~教師としての自分を見つめる~

ワークショップ② 「理想の教育・授業」を実現させるために

①あなたにとっての「理想の教育・授業」を考えてもらいました。
　では，その理想の教育・授業を実現するために，「今のあなた（あるいは近未来のあなた）」に必要な知識や技能とはなんですか。
　必要な知識や技能をイメージするカード（写真）を4枚選び，キーワードを書いてください。
　※カード（写真）を選ぶ際，学校教育には「知識・技能の習得」「思考力・判断力・表現力等の育成」「学びに向かう力・人間性の涵養」といった役割があることを意識して下さい。

② 4つのキーワードのうち，もっとも重点的に身につけていかなければならないと考えるものはどれですか？またそれはなぜですか？

※カード（写真）には適宜名前をつけます

キーワード❶

選んだカード（写真）：..................

キーワード：

....

キーワード❷

選んだカード（写真）：..................

キーワード：

....

キーワード❸

選んだカード（写真）：..................

キーワード：

....

キーワード❹

選んだカード（写真）：..................

キーワード：

....

~グループでシェアをしましょう！~

司会の方は，最初にシェアしてくれる方を指名し，発表者に以下の2つの質問します。
①「選んだカード（写真）が，それぞれ『どんな知識や技能』を表しているかキーワードで教えてください」
②「その4つの知識や技能のうち，今のあなた・近未来のあなたにとって『もっとも重要なもの』はどれですか。またそれはなぜですか。2分以内で述べてください」
　※②まで1人2～3分程度です。

（3）イメージカードを使ったリフレクションのバリエーション

イメージカードを使ったリフレクションは，参加者の状況やニーズに応じていろいろとバリエーションを作ることができます。

例えば，以下のような方法も考えられます。

---

① 参加者が，教員，NPO関係者，企業人など多様に入り混じる場合
- ワークショップ1：あなたにとって，最適な職場環境をイメージするカード（写真）を1枚選んでください。
- ワークショップ2：最適な職場環境を実現するのはあなたです。では最適な職場環境を実現するために今のあなた，近未来のあなたにとって必要な知識や技能をイメージするカード（写真）を4枚選んでください。

---

② 学校の保護者会の場合
- ワークショップ1：あなたのお子さんのよいところをイメージするカード（写真）を1枚選んでください。
- ワークショップ2：そのよさをもっと伸ばすために，あなた（保護者）に必要なことは何ですか。必要なことをイメージするカード（写真）を4枚選んでください。

---

③ チーム・ビルディングの場合
- ワークショップ1：1年後に活躍できている自分の姿を想像し，それをイメージするカード（写真）を1枚選んでください。
- ワークショップ2：その姿には，どのような知識や技能が備わってきているか，それをイメージするカード（写真）を4枚選んでください。

（中田　正弘）

2.5 カードを用いたリフレクション

> ▶ 目的　さまざまな事物を画像化したイメージカードを用いて他者に向けて語ることで，顕在化していなかった自分自身のアイデンティティに気づいたり，自身の過去や未来に思いを馳せるきっかけを作る。また，協同でリフレクションを行うことで，他者から気づきを得られることも多い。
> ▶ 対象　大学生，学校，企業などどこでも

　私たちは，自分がどのような人間であるか，何をしたいと思っているかを確信をもって常にとらえているわけではありません。なんとなくこんなふうになりたいな，こういう教育者になりたいな，と漠然とした考えをもってはいても，いざ，それを言葉にして伝えるとなるとその難しさに直面することになります。カードを使うことで，今まであいまいにとらえていたイメージが言葉になって形をもってきます。

　また，将来自分がどうなりたいかという前向きのリフレクションを行うことで，その理想の姿に向けて自分のアイデンティティを形作っていくという側面もあります。まずは理論編で「物語ること」が私のアイデンティティとどのように関係するのかを見ていきましょう。

1 理論を学ぼう

　「私たちの物語を語ることは，単に私たちが何者であるかを記述しているだけではなく，私たちが自分自身になることを助けているのである」。「自己同一性（identity）は，物語によって宣言されると同時に創造されるものである」。内科医であり，文学博士，倫理学者でもあるリタ・シャロン（Rita Charon）は主著『ナラティブ・メディスン』の中で上記のように書いています。

　では，**ナラティブ・アプローチ**という考え方を手がかりにみていきましょう。ナラティブは，日本語では「物語」「語り」「物語り」「ものがたり」などと訳され，「できごとについての言語記述（ことば）を，何らかの意味のある連関によって結び合わせたもの，あるいは結び合わせることによって意味づける行為」と定義されています。その意味づけの仕方は，ひと

■ **ナラティブ・アプローチ**
1990年代後半から，医療におけるナラティブ・アプローチが注目されるようになりました。最初は，ナラティブ・ベイスト・メディスン（NBM）として提唱され，日本でも注目され，カウンセリングの領域などでも行われるようになっています。

によって，あるいは同じひとでも状況によって異なるので，物語は多様な意味をもつことになります。コルトハーヘンは「コップに半分の水が残っているとき，もう半分しか残っていないととらえるか，まだ半分も残っているととらえるか」という事例を用いますが，これは，物語の意味づけの違いを表しているといえます*。

またこの意味づけは，変化していくこともありえます。誰かに物語を語ること，あるいは一度語った物語を語り直すことで，できごとの意味づけが変化する，それはとりもなおさず，私のありようを私がどのようにとらえているかが変容していくことを表しているのです。

ナラティブは現在医療の分野で用いられることが多いのですが，これは，科学的な数値だけでは表せない患者の痛みや苦しみを，その背景にあるそのひとの生活，人生の物語と関連づけることから理解しようとする物語能力が医療者側に必要だとの認識から来ていると言えるでしょう。さらに，ナラティブ・セラピーでは，患者自身が「病の語り」を語り直すことで，人生における病気の意味づけを変容させ，快復に向かうことを目指すものです。

では，イメージカードを用いたリフレクションとナラティブの関係はどのようなものでしょうか？　たとえば，一枚のイメージカードを選んで，自分の目指す理想の教育者像は「○○○」であると語ったとします。常々，「このような教育者であり（なり）たい」と反芻している場合は別ですが，多くの場合は，改めて聞かれるまで，「○○○」であると一つの言葉にして明確化する機会はそれほどないでしょう。カードのイメージからインスピレーションを得て語ったその言葉が，その人自身の今後の教育者としてのありようを規定し，「○○○」な教育者として子どもの前にある自分を折に触れ振り返ることになり得ます。言い換えれば，自分は今日，「○○○」であったかを日々リフレクションする，その繰り返しによって，そのひとは実際に「○○○」な教育者へと生成していくと言えるのです。

この意味で，未来に向けての自分のありようを「前向きに」リフレクションする＝物語る行為が，結果的にそのひとをそのようなひとへと近づけていくのです。リフレクションと言えば，行為の中のそれは別として，多くの場合過去の出来事を振り返ってそれを意味づけする作業として行われています。ですが，未来の自分のありようを見据える「前向きのリフレクション」というものもあってもよいのではないでしょうか。

*この問題を扱っているのが社会構成主義（p.19参照）の立場です。社会構成主義は，私たちが経験している現実は，人々がお互いに協力して構成しているという立場を取ります。そして，さまざまな事象への意味づけは，歴史的文化的に相対的なものである，すなわち，その時代のその文化に支配的な特定の社会的および経済的制度に依拠していると考えます。例えば，18世紀までフランスでは「子ども」が小さな大人であると見なされていたというように，時代と文化によって「子ども」という存在の意味づけが異なるというものです。私たちがふだん当たり前だと考えているものも，こういった文化的時代的制約を受けているかもしれないと疑うことが求められますし，そうすることで私たち自身のありようも変わるかもしれません。

2 やってみよう！ 未来の私を語る

（1）チームにおける役割を決める

大学3年次のゼミ開きの際に，チーム・ビルディングの目的でイメージカードを用いたリフレクションに取り組んだ例です。この例では，それぞれが自分の印象を表していると考える色をひとつ選び，その色とカードのイメージをつなぎ合わせ，ゼミというひとつの組織の中での自らの役割を同定していきます。それぞれが，自分の強みを活かして役割を担おうとすることで，たまたま同じゼミに属することになったメンバーがチームとなって動いていくことを目指しています。

*円を使う意味
円は，どの方向から見ても同じ形に見えます。また，角が無いため，ひとの気持ちを優しく安心できるものにすると考えられます。

**コアクオリティについての注意点
他者から指摘してもらったコアクオリティは，そのひとがこれまで気づかなかった側面を見出しているものかもしれません。あえて，誰が書いたものかがわからないようにした方が，自分のアイデンティティに刻み込む際に有用だと考えます（p.24参照）。

[手順]

1. まず，1人1枚自分の好きな色の折り紙を選びます。できれば色が重ならない方がよいでしょう。折り紙は不要になったCDで型を取って円形に切り抜きます*。
2. コア・クオリティ**の説明をします。説明の後にコアクオリティチェックシート（図表2.5.1）を用いて，自分のコアクオリティを確認します。
3. 次に，コアクオリティ記入シート（図表2.5.2）に自分の名前を書きます（呼ばれたい名前でかまいません）。
4. 名前が書けたら，右側のひとに渡します。シートを受け取ったひとは，持ち主のコアクオリティを1つ考え，記入します。このとき，誰が書いたのかがわからないようにすることが大切です。可愛い，○○が上手だ，などといったコアクオリティではないことを書かないように注意が必要です。
5. コアクオリティを記入し終えたら，

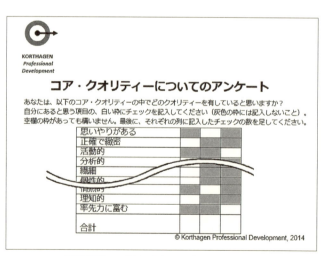

図表2.5.1　コアクオリティチェックシート

裏にするなど，書かれた面が見えないようにして，自分の右側のひとに回します。同じことを繰り返します。
6. 自分のシートが戻ってきたら，ゼミの他のメンバーから自分の強みがどのように受け取られているのかを静かに眺め，確認します。
7. これから，ゼミ内での自分の役割を考えるのだということを告げます。
8. イメージカード50枚を机の上に並べます。
9. 自分で確認したコアクオリティ，他者から指摘してもらったコア・クオリティを参考にして，イメージカードを1枚選びます*。
10. それぞれが選んだイメージカードをカラーコピーし，左頁の写真のように，折り紙と重ねて模造紙に貼ります。その周りに，自分の名前を記入し，カードから受けたインスピレーションをもとに，ゼミ内の自分の役割を折り紙の上に書きます。

コアクオリティ記入シート
(　　　　　　)さんのコアクオリティを2，3個 に記入してください。
順番を決めずに、自由な場所に書き込んでください。誰が書いたか分からないように。

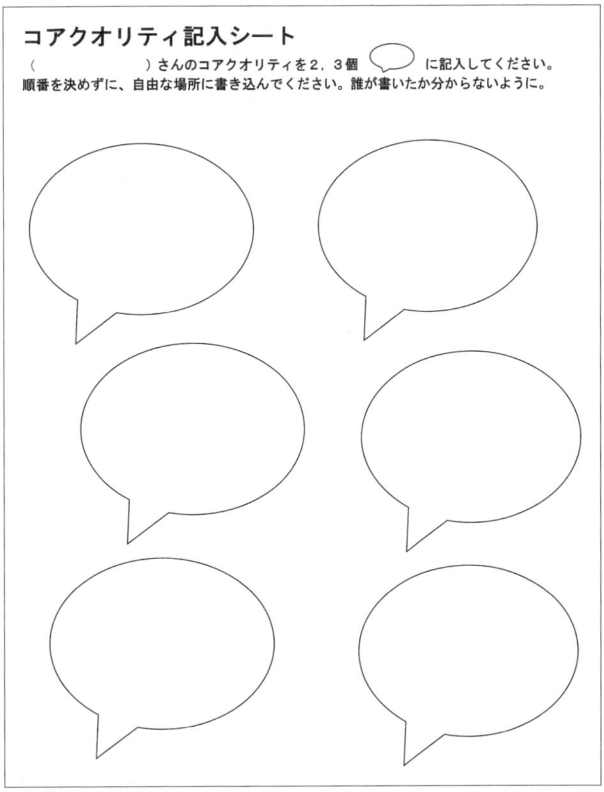

図表2.5.2 コアクオリティ記入シート

＊カードの選択
他者から指摘してもらった自分のコアクオリティを念頭に置いてイメージカードを選ぶと，その選んだイメージカードからこれまで想定していなかった自分の役割が見出されてくることがあるようです。

「暖かい心を持ってみんなを導く」(ビリヤード：イメージカードの図柄。以下同様)，「自分の中の芯をしっかりと。みんなが親しみやすい存在」(新芽)，「陰ながら支える存在。ひょっこりユーモアも」(キリン)，「いつでも前向きに。頼られる存在」(ひまわり)，「みんなの内面をしっかり見て，内側から支えてあげられるような存在」(骸骨)，「のんびりみんなを和ませる存在」(羊)，「ぐるぐるいろんな話を回す。いっぱい話す」(回転木馬)といった記述がなされました。自分が選んだ折り紙の色と，イメージカードが自分のアイデンティティを象(かたど)っていることがわかります。

それぞれが選んだイメージカードと綴った言葉が，自身のゼミ内での役割を同定し，その役割を担っていこうという意識へと繋がっていきます。もちろん，ゼミだけでなく，会社や学校での同僚同士のチーム・ビルディング研修に用いることができるでしょう。

(2) 1年後の自分を想像してみる

こちらは，大学のゼミにおいて最終学年に行っている事例です。教育現場などでは新任研修や中堅研修などでも有効です。1年後に社会に出て働

いている自分の姿を想像し，どのような自分になっていたいかを考えながらイメージカードを選びます。

選んだイメージカードから得たインスピレーションを模造紙に記入していきます。

[手順]
1. 振り返りカード50枚を机の上に並べます。
2. 自分の1年後の姿を表していると考えられるイメージカードを1枚選びます。
3. カラーコピーし，切り取って模造紙に貼っていきます。
4. 自分の選んだカードから得られたインスピレーションをどんどんイメージカードの回りに記入していきます。

手順自体はとても簡単ですが，自分が模造紙に書きこんだ言葉から，自分自身を振り返り見つめ直すことができます。例えば，教員採用試験のエントリーシートを書く際に，模造紙に記入した言葉を核にして文章を作っていきます。ある学生は，ミツバチの絵を選び，「自分から／で考えて行動する」「流れに食らいついて働く，ひとつひとつ丁寧にこなす」という言葉を記入していました。教育者がその言葉のひとつひとつについて意味づけを聞いていくことで，それぞれの言葉を軸にしたエントリーシートを作ることができました。

他の例としては以下のような記述が見られました。

「自分の軸，自分から歩み寄る」（ビリヤード），「みんなに追いつく，周りの人たちのいいところを見つける，がむしゃらにがんばる」（遠泳），「大切なものを護る，挑戦，踏み出す勇気，力強く，しなやかに，笑顔を忘れない」（新芽），「協力，違いや良さに気づく，経験や個性を活かした授業，型・リズムを身につける。影響を与え合う」（色とりどりの毛糸），「つき

2.5 カードを用いたリフレクション

進む，力を合わせる，挑戦，乗り越える，新しい波，新しい発見」（急流下り），「みんなで作り上げるクラス，支え合う，協力，教育者も子どもも一緒になる。見えるようで見えない何かに向かってつき進んでいく」（手を合わせる），「自由とか。自分のしたい教育について模索。子どもが自分らしくいられる教育とは。光に向かって進んでいってほしい」（トンネル）

（3）自分の未来を想像してみる（話し合いを通じて）

（2）をさらに進化させたのがこちらの方法です。手順は（1）に似ていますが，その後，ひとつひとつのイメージカードの意味づけを丁寧に聞き出し，聞き手が模造紙にどんどん書き足していきます。少ない人数でメンタリングする際に適している方法です。

手順
1. コア・クオリティの説明をし，それぞれコアクオリティチェックシートを記入します。
2. お互いの強みを書き出す折り紙を一人2枚ずつ準備します（写真は教育者も加わっているのでコアクオリティの用紙が一人につき4枚ずつあります）。折り紙を好きな形に切ります（できれば四角などよりは何かの形に切る方がインスピレーションを得やすいと思われますし，柔らかいイメージになり，リフレクションが進みやすくなります）。
3. それぞれが準備した折り紙に，相手のコアクオリティを記入します。
4. 記入を終えた折り紙を受け取ったところで，記入してもらったコアクオリティから得た印象を参考にしながら，自分の未来を表していると考えるイメージカードを50枚から1枚ずつ選びます。
5. カラーコピーしたカードと，コアクオリティが書き込まれた折り紙とを重ねて貼り，その2つから得られるインスピレーションを記入して

いきます。
6. 貼られたカード1枚1枚について、そのカードを選んだ理由、記入した言葉の意味を丁寧に聞き出し、模造紙にどんどん書き足していきます。

　少ない人数で、自分の将来についての記述をもとにインタビューしていくと、自分自身をどのようにとらえており、そのことをもとに自分がどうなりたいのかというリフレクションがどんどん進んでいきます。
　例えば、Mさんは、「落ち着いてじっくりとりくむ」と教育者が書いたコアクオリティをもとに線路の絵を選びました。当初、「一歩ずつあせらずにマイペース→止まらずに進み続ける。行き先はたくさん」と書いていましたので、その意味について質問してみました。すると、周りから（特に親から）視野をもっと広げた方がよいと言われている自分自身を振り返り、「全てのベースとして広い視野をもつことを目標としたい」という望みが表に出てきました。そして、線路は無限にいろいろなところに続いているので、道を選択するときに、広い視野をもって選ぶことが大切だという気づきに至っています。また、「この写真の線路は、各停の電車用だと思うから、ひとつひとつの駅に止まりつつ、きちんと丁寧に進んで行きたい」というもうひとつの望みが出てきました。そして、進んだ先に自分のやりたいこと＝障害をもった子どもの居場所を作ることがあるのだと見えてきました。子どもの居場所を作りたいという目標はもともともっていたものですが、線路の写真をもとにリフレクションを行っていくことで、その道を辿るための自分のあり方、「広い視野をもち、ひとつひとつ止まりながら丁寧に進んでいくこと」が形作られ、これからのMさんのあり方を規定していくと考えられます。模造紙を折にふれ、見返すことで、また新たなリフレクションが進んでいくともいえます。
　このように、ひとつひとつのイメージカードを通じて丁寧なリフレクションを行うことで、その人の望みが表面化し、整理をしていくことができるのがこの方法の特徴です。もちろん、イメージカードを使わなくても、物語的なリフレクションは可能です。折に触れて、立ち止まって自分の未来を見据えてみる「前向きのリフレクション」も行ってみたいものです。

（村井　尚子）

2.6 書くことによるリフレクション

> ▶目的　学習者自身の経験を丁寧に記述することで，その経験の背景にある自分自身の考えや望みについて振り返る。
> ▶対象　学校や保育，看護の現場，企業等において，個人またはグループなど。

　例えば教育実習では，毎日実習日誌を書くことが通常ですが，その中で，とりわけ「気になっていること」，「あれはどういうことだったのだろう」とあとから思い返されることについて，記述をしてみることでリフレクションが深まることがあります。ここでは，体験の事後の学びとしての記述を考えてみましょう。

1 理論を学ぼう

　ドナルド・ショーンは，実践は「複雑性，不確実性，不安感，独自性，価値観の衝突」といった性質を含んでおり，「いくつかの手段の中から，定められた目的に一番ふさわしい手段を選びとる」といった問題の解決法がうまく適用できないことの方が多いといっています*。このため，私たちはまず実践の状況の中で「問題の〈設定〉」を行わなければなりません。すなわち，曖昧で複雑な，そして「そのままでは意味をなさない不確かな状況」において，何が問題としてとらえられるべきであるかを考察し，一定の意味を与えていくことが求められます。すなわち，ショーンに言わせると，問題の設定とは，注意を向ける事項に〈名前をつけ〉，注意を払おうとする状況に〈枠組み（フレーム）〉を与える相互プロセスであると定義されるわけです。

*Schön (1983), 訳書 pp.40-41

　教育実践をリフレクションする際に，まず問題の枠組み（フレーム）はどう準備するのでしょうか。従来その設定の仕掛けとして，「エピソード」が用いられてきました。エピソードとは，「ある日の断面」に焦点を当てて，記述によって取り出されるものをいいます。それは，「現場においてひとのさまざまな生の実相に接する中で，強く気持ちを揺さぶられる出来事」への出会いや，「目から鱗が落ちるような深い気づき**」の体験，だとされます。鯨岡峻によれば，ひとは，そのような出会いや体験をしたときに，

**鯨岡 (2005) p.3

*「図」と「地」
現象学では，何かが何かとしてとらえられるとき，それは「図」として浮き立ち，その図の周囲にあるものは「地」として背景に退くという言い方をします。

▎マックス・ヴァン＝マーネン
Max van Manen (1942-)
オランダ生まれでカナダで活躍する現象学的教育学者。ヴァン＝マーネンの「生きられた経験の記述」の手法は，教育学だけでなく，看護学，精神医学，心理学等多くの分野の研究者に用いられています。

** van Manen (1982) p.284

*** van Manen (1991) pp.105-108

それを「何とか言語的に表現して，周囲のひとや広く一般のひとに知ってほしい，一緒に考えてほしい」という願いをもつのだといいます。それゆえ，子どもと保育者・教師がともに生きる場から「図*」として立ち上がってきたエピソードを記述し，他者に伝え，カンファレンスにおいて話し合うことで，子どもの「育ち」のもつ本質的な意味をとらえていくことが可能であるしまた必要であるというわけです（鯨岡ら 2007）。このような「エピソード記述」の手法は，特に保育者養成，保育者の現職研修の場面で用いられています。

ここでは，「複雑性，不確実性，不安感，独自性，価値観の衝突」といった特質をもつ実践の状況をとらえ，枠組みを作るために比較的用いやすいと考えられる概念的仕組みとして，**マックス・ヴァン＝マーネン**の「**教育的契機**」（pedagogical moment）の概念を紹介しましょう。

ヴァン＝マーネンが用いる「教育的」（pedagogical）という語は，「子どもと，彼／彼女を援助しようとしている大人がともに存在し，そこにおいて大人が子どもの人格的な成長において何か正しいことを行っている**」ことと定義されます。「教育的契機」とは，教育的行為の時間性に光を当てた概念です***。教育の場面では，私たちは複数の価値がせめぎあう状況で，どんな選択をすべきか，悩むことがよくあります。けれども，悩んだとしても，目の前に子ども（学習者）がいる限り，じっくり考える猶予はほとんどなく，その場で自分が最善だろうと（直観的にせよ）判断したことを選びとっています。また，後になってから，自身の行為を振り返ったときに，その判断がどうだったのかを改めて考え直してみることも多いでしょう。こういった瞬間を切り取って，ヴァン＝マーネンは「教育的契機」と名づけています。この「教育的契機」における自分自身の行為とその背景にある価値観（自分は何を望ましいと考えているか，何を欲していたか）を記述することを通じてリフレクションしていきます。

2 やってみよう！ 教育的契機の記述

（1）イントロダクション

教育実習の事後指導の中で，実習生が経験した教育的契機について思い出してもらい，記述をするように求めることで，自身の教育観に向き合うリフレクションが可能になります。教育的契機の記述は以下のように説明をします。

> 　実習の中で，ひとりの子どもと向き合って，その子どもにとってどうすることがよいのか，判断に迷った場面が何度かあったことと思います。そのような場面で，私たちは，大人として，教師として（実習生として），子どもに「善く」なって欲しいという願いをこめて，子どもに対応していることが通常です。けれども，あとから振り返ってみると，そのときの判断が正しかったのかどうか，もっと違ったかかわり方，行為があったのではないかと思われたりもします。ここでは，子どもにとってどうすることがよいかすぐに判断しなければならないこのような場面を「教育的契機」と呼びます。実習中に一番印象に残った「教育的契機」の一場面を取り上げて，そのときの出来事を記述してください*。
> 　気をつけることは以下の通りです。
> 1．できれば，一人の児童（生徒）との出来事に絞った方が書きやすいでしょう。
> 2．できるだけ，短い場面に絞ります。
> 3．その時の感情（嬉しかった，不安だったなど）や感覚（何が聞こえていたか，お天気はどうだったか，どんなにおいや味がしたかなど），教室の雰囲気などをできる限り思い出して書くようにしましょう。感情や感覚，雰囲気を表現する際，メタファー（比喩）を使うように心がけてみましょう。
> 4．出来事の解説や因果関係（これはこういうことだったに違いない，私がこのように振る舞ったのは○○が原因である）は，記述の中にさしはさまないようにしましょう。
> 5．出来事の細かい事実性にはそれほどこだわる必要はありません。

*記述の仕方は，マックス・ヴァン＝マーネン『生きられた経験の探究』や翻訳されていないマーネンの論文を参考にしています。van Manen (1990)，訳書 pp.201-205

　「教育的契機」の概念説明に関しては，比較的すぐに理解してくれることが多いですが，難しそうであれば，これまでの事例をいくつか示してあげることで理解を助けることができるでしょう。

　短い場面に絞るのは，ある契機＝瞬間（moment）を取り上げることで，その時の自身の判断，行為の背景にある感情や考え，その判断や行為の前提となっている自分の価値観（何を望ましいと思っているか，子どもにどうなって欲しいと願っているか）を掘り下げてみることができるからです。比較的長い時間をリフレクションの対象としてしまうと，その時間の流れの中での思考の移り変わりに焦点が移ってしまいがちで，説明的になってしまいます。

　また，その時の感情や感覚（五感）を想起して書くことも重要です。私たちの行為や判断は，何を考えていたかという思考の部分だけでなく，身

体が何を感じていたか，どのような雰囲気に包まれていたかに大きく影響を受けます。このため，できる限りその時の状況に自分の身を置き直すためにも，身体性を重視することが大切です。一方で，身体感覚は言語にすることが難しいのも事実です。メタファー（比喩）を用いることで，直接的にはなかなか表現することが難しい感覚や感情を文章化し，他者に伝えることが可能になることもあります。

　解説や解釈，因果関係の説明をさしはさまないようにするのは，できる限り経験を「生きられたままに記述」することを目指すからです。解釈は，のちにリフレクションをしながら記述する際に書いていくことにします。

　また，細かい事実性（何時何分だったかといったことや，子どもの発言をその通りに覚えていなければならないのか）などにはそれほどこだわることはありません。それよりも，その出来事が自分に現れてくる，そのままに書いていくほうが生き生きとした記述になっていきます。

　それでは，実際にひとつ事例を挙げてみましょう。

（2）教育的契機の記述の事例

　教育実習から帰って来た実習生に，それぞれの経験した「教育的契機」からひとつ選び，記述を行うよう指示をします。以下に，小学校2年生の国語の授業を行った記述を挙げます。十分に現象学的な記述ができているわけではありませんが，できる限り経験を生きられたように記述しようと努めています。

教育的契機の記述

> 「リ」は易しいが，「シ」と「ミ」は間違えやすい。
> 　子どもたちはカタカナに関する私のたどたどしい説明をしっかりと聞いて，楽しそうにその2つの字の違いを口にし，ノートに書いていた。教室は活気のある雰囲気に包まれた。何もかもが完璧だった。時間通りに進行していた。指導案通りに授業を進めることができ，私はとてもうれしくなった。
> 　残りは，音読だけとなった。あと10分で授業が終わる。私はフーっと深呼吸をし，子どもたちに国語のテキストの45ページを開くよう指示した。「段落番号35から37番まで読んでくれるひとはいますか？」私は子どもたちに向かって志願者を募った。その時だ。自分の座席を離れてウロウロしていたDがすばやく席に戻り，まるで生徒会長に立候補する優等生のように，スッと手を挙げた。彼は透き通る大きな声で「はい，ぼくが読みます」と言った。あまりに彼の勢いがよかったので，他の子どもたちは誰も手を挙げなかった。落ち着きのないDが音読を名乗り出るとは全く想定していなかった。どうしよう。しかし，迷う余地はなかった。私はDの名前を呼び，音読するように彼に指示した。「それでは，D，35番から読んでください」。テキストを手にも

> って席を立ち，彼はまっすぐに立って読み始めた。張りのある大きな声だった。とても元気よく，そして正確にテキストを読んだ。彼がテキストを読んでいる間中，私は茫然としていた。「なんてことだ。想像もしていなかった」。

> 彼はテキストを読み終え，得意そうに私を見つめた。私には，彼に対して何というべきか，その言葉が見つからなかった。彼のことを一瞥して，すぐさま私は次の志願者を募った。彼に対しては何も言わずに。
> 次の志願者は特に際立った特徴もない仕方でテキストを読んだ。けれども私は，その子の読み方の良いところを見つけ，具体的に評価することができた。予定していた内容がちょうど終わったところでチャイムが鳴った。あー，終わった。無事に終えることができた安堵にもまして私の頭の中は，Dに対する後悔でいっぱいだった。赤い実をつけたリンゴ園が教室の窓の外に広がる光景も，その時の私には目に入らなかった（実習生Mの事例）。

　最初はひとつの事例を詳しく記述することが難しく，時系列的に「○○で，次に△△で…」と書いてしまいがちです。そこで，記述された文章の中からポイントとなる部分を示し，もう少し詳しく書き込むようにします。この事例では，「Dが手を挙げ，テキストを読む場面」を詳しく書き直しました。下線を引いたところがMが工夫した部分です。状況がありありと浮かんでくるようにメタファーや身体感覚を表す表現を用いています。

（3）記述を通したリフレクション

　次に，この事例をもとにリフレクションをしていきます。リフレクションをする際には，本質を問う「そもそも」という問いを大切にしていくことが求められます。「そもそもなぜ自分はその行為を行ったのか」「そもそも何のためにそうしたのか」といった問いが，出来事の本質に近づくヒントを差し伸べてくれることがよくあります。では，M自身のリフレクションの記述を見てみましょう。

リフレクションⅠ

> 　記述をしているときに，すぐさま浮かび上がってきたのは「Dは落ち着きがない子どもであり，授業に積極的に参加することはないに違いない」という私自身の「前理解」が，Dが「テキストをとても上手に読み上げた」こと，そして「得意そうに私を見つめた」ことがどのような意味をもつのか，その時点で私がその〈枠組み〉に向き合うことを阻害していたことである。すべての授業が終わってからの反省会で，担任の先生によって私に投げかけられた問い「なぜDがあんなにはりきって一番に挙手したのか」「なぜ彼がとても上手に読んだのか」

> に対して，私はそのことの意味を指摘していただくまで気づかなかった。「落ち着きのない子ども」イコール「何もできない子ども」であるという私の勝手な思い込みが，実習生の先生の授業で「頑張っている姿を見せて，認められたい」というDの願いを感じ取る可能性を完全にシャットアウトしていた。

この時点で，実習生Mが気づいているのは，「前理解によって子どもの願いを理解することが阻害される」ので，教師はできる限り「この子どもはこのような子どもだから」というレッテリングを排除することが必要であるということでしょう。けれども，「そもそもMは何をしたかったのか？」という教師からの本質的な部分への問いかけを通じて，別のテーマが浮かび上がってきました。気づきのきっかけとなる文章はこの部分です。

> 何もかもが完璧だった。時間通りに進行していた。指導案通りに授業を進めることができ，私はとてもうれしくなった。残りは，音読だけとなった。あと10分で授業が終わる。

この記述から読み取れることは，Mが求めていたのは，何より，とにかく授業を「指導案通りに」終えることだったということです。その意味で，音読の10分間は，「とりあえずこなしさえすればよいタスク」だったと言えるのです。ところが，そういった消化試合的な10分間にこそ，クリティカルな出来事が起こりうるのです。Mは続けて次のようなリフレクションの記述を行いました。

リフレクションⅡ

> 「私には，彼に対して何というべきか，その言葉が見つからなかった」。この記述をしてみて，言葉が見つからないまま，次の志願者を募ったこの時点の私の表情がどのようなものであったのかに思いが至った。その表情が，授業を見ていた担当の先生や他の実習生からどのように見られていたのか，ということである。しかし，よく考えてみると，本当に想定すべき受け取り手は，Dくんであり，クラスの子どもたちなのだ。そう考えた時，自分の出来事の記述には，「子どもたちがいない」ということに気づいた。「自分がどうしたいか。自分がどう感じたか。自分が何を考えたか」については記述されているが，その私の行為をDくんや，他の子どもたちがどのように受け取り，何を考え，何を感じ，そのことがその子どもたちにとってどのような意味をもつのか，といった視点が欠落していた。そのことに気づいて初めて，子どもたちに対する申し訳ない気持ちが浮かび上がってきた。

このように、Mは自分が記述した内容を改めて読み返し、そこに「そもそもの問い」を重ねたことで、誰のために授業をしていたかに気づいたのです。「落ち着きのない子ども」と認識していたDだけでなく、クラスの子どもたちそのものをそもそも見ようとしていなかったこと、つまり、授業はそもそも子どものために行っていたはずだったのに、その対象としての子どもがそこにいなかったことに。この気づきは、その後のMの授業への向き合い方、教育への向き合い方を変えていくことになるでしょう。

（4）記述を通したリフレクションを促すメンターの役割

　上に挙げた事例では、教師がメンターとして実習生の記述を丁寧に読み、問いを重ねることでリフレクションを促していきました。他には、3人組のグループで記述を読み合わせし、お互いにポイントとなる部分をチェックし合うという方法もあります。他者からチェックしてもらった部分をさらに詳しくしていくために、「その場の雰囲気を描き出すよう努める」「感情・身体感覚を詳しく書く」「メタファーを用いる」といった点に気をつけて記述を直していきます。この過程を経て、記述は多くのひとが読んで納得するもの、その場に読者も居合わせたような感覚になるものへと変化していきます。

　さらに、記述された文章を他者に読んでもらうだけでなく、自分でも読み返すことで、新たな気づきへと繋がっていきます。p.79にも書いているように、事実性にそれほどこだわる必要はありません。例えば、Mの事例で言えば、子どもたちに読んでもらったテキストのページ数が違っていたとしても大きな問題ではありませんので、そこにこだわる必要はないということです。繰り返しになりますが、重要なのは、「ありありと状況が思い浮かぶような記述」を目指すことです。

　教師あるいは同級生とともに「記述者がその状況で望んでいたことはなんなのか」を考えることで、リフレクションが進むことがよくあります。私たちは自身の行為の背景にある望みに、意外と気づいていないことが多いからです。この点は「8つの問い」を用いたリフレクションと非常に似ているところです。

（5）まとめ：書くことの意味

　コーチ役（同級生）と話し合いながらリフレクションを行うことと、書くことによってリフレクションを行うことは、どちらもそれぞれ意味のあることだと考えられます。話し合いながらのリフレクションにおいて、教師は相談者がまだ言葉にしていない事柄を問いという形で引き出していきます。リラックスした状態で話し合いながら、リフレクションが進行していくことでもたらされる気づきがそこにあります。これに対して、書くこ

とはどちらかといえば，孤独な作業です。自分自身と向き合い，埋まらない白い紙と向き合う作業です。ですが，書くことによってもたらされる気づきもまた，上に挙げた例のように深い次元のものとしてありうるのです。

　書くことによって，私たちは自分の内側にあるものを外在化させようと努力します。その過程で，自分が知っていたことを改めて知ることができるようになります。また，書くことによって，その状況において生きられていた直接性から距離を置くことになりますが，それゆえにある特定の状況に備わる偶発的な文脈を相対化し，より本質的なものへと目を向けることが可能になります。自分が書いた文字が，紙面に打ち出され，活字化されることによって，また私たちは客観的にその文章を見ることになります*。こういった客観化が，自分自身の経験への問いをさらに深め，深い洞察へと導いてくれるといえるのではないでしょうか。このように，書くことによるリフレクションは，話し合いによるリフレクションとはまた違った次元の本質への気づきをもたらしてくれるという点で，その骨折りの対価をもたらしてくれることになるでしょう。

　本章では，実習生の記述をメンターが助けるという形でリフレクションが進んでいきました。このような形式は現場の教師や社会人にとっては，なかなか実現しづらいことかもしれません。ですが，上に書いたように，ひとりで向き合うことにおいても，記述の深まりは可能だと考えられます。できる限り，状況をありありと映し出すような記述にぜひ挑戦してみてください。

（村井　尚子）

*van Manen（1990），訳書 pp.197-210

2.7 ヒーロー・インタビュー

> ▶ 目的　コア・リフレクションの理論に立脚したワークを通して，成功体験を共有しながら自己と他者の強みを実感できるようにする。
>
> ▶ 対象　子どもから大人まで。特に，普段成功体験を共有する機会や文化のない場で実施することが望ましい。例えば，教育実習後のリフレクションなど。

「失敗は成功のもと」ということわざが示す通り，成長を目指すひとは得てして，何かしら失敗した経験から学びを紡ぎ出そうとしがちです。もちろん失敗から学ぶことは素晴らしいことですが，必ずしも失敗体験からしか学べないというわけではありません。

コルトハーヘンはむしろ，コア・リフレクションと呼ぶアプローチの中で，成功体験をリフレクションすることの重要性を強調します。思い出す経験は「今までで最も達成感を抱いた瞬間」でもよいですし，もっと些細な成功に焦点を当てて，例えば「この一週間で他者にかけてもらった嬉しい言葉」をリフレクションするのもよいでしょう。「反省」という言葉につきがちなネガティブで思考偏重的なイメージは一掃され，よりポジティブなリフレクションにつながるはずです。心地よさや自信などのポジティブな感情を抱きながらリフレクションをする機会は，普段の生活の中にどれほどあるでしょうか。コア・リフレクションとは，まさにそのようなポジティブなリフレクションでしか実現できない学びのプロセスを引き出そうとするアプローチです。

本章でご紹介するヒーロー・インタビューのワークは，このコア・リフレクションの理論に立脚して，短時間でポジティブなリフレクションの場づくりとそれを通した深い学びを実現する仕掛けとして，開発しました。タイトルの通り，プロ野球などの試合の後に活躍した選手を壇上に招いて行うヒーロー・インタビューをもとにしています。**アイスブレイク**のワークとしてヒーロー・インタビューのロールプレイが用いられることもあるようですが，ここでご紹介するものはそれとは別物です*。

アイスブレイク
緊張をほぐし，学生や参加者が話しやすい場づくりを行うアクティビティーのこと。初対面のひとが集まるワークショップや，クラス替え後の授業の冒頭に行うことが多い。

＊本章でご紹介するヒーロー・インタビューのワークは，アイスブレイクにはあまり適していません。リフレクションを促す前の関係性づくりを行う際には，「この1週間で体験したちょっとうれしかったこと」や「子どもの時のお気に入りのおもちゃ」を思い出して1，2分ずつで語ってもらうといったことがお勧めです。

1 理論を学ぼう

(1) 失敗体験ばかりリフレクションすることには，リスクが伴う

　「失敗から学ぼう」と真面目に考えれば考えるほど，そして実際に失敗体験ばかりリフレクションしてしまえばしてしまうほど，自分が苦手とすることが鮮明にわかるようになります。「8つの問い」のうち，どの問いに答えづらさを感じるか。あるいは，どの問いと問いが不一致を起こしやすいのか。リフレクションの経験を積めば積むほど，目を背けたくなるほどにそのような自分の短所が浮き彫りになるのです。

　「癖」や「苦手」がわかったなら，それを克服すればよいのではないか，と思うひともいるかもしれません。しかし，苦手の克服は，言うほどに容易なことではありません。なぜなら，「私は○○が苦手である」という気づきはすなわち，玉ねぎモデル*の「(自分の能力について)信じていること」を形成します。すなわち，気づきそれ自体が，行動に影響するだけでなく，自身のアイデンティティなど，玉ねぎモデルの深い部分にまで影響を及ぼしうるのです。もし，同じ短所を他者にも指摘されたとしたら，苦手意識はより一層強固なものとなり，玉ねぎモデルのすべての層に対してネガティブな形で影響するようになりえます。

　失敗体験ばかりリフレクションしていると，結果として，「私は能力のない人間だ」「私は〈8つの問い〉の答えをすべてきれいに一貫した形で答えることのできない人間だ」という能力感やアイデンティティが形成されかねません。ここまで玉ねぎモデルの中核に近い層にまで影響が及んでしまうと，自身でコア・クオリティ**をとらえることも難しくなり，行動をはじめ，玉ねぎモデルのあらゆる層にこの意識が現れてきてしまいます。

*p.26参照。

**p.24参照。

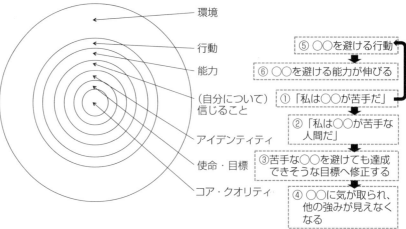

図表2.7.1　失敗体験のリフレクションによって起きうるネガティブな相互作用

（2） 成功体験をリフレクションすれば，歯車が逆方向に回り出す

　一方で，成功体験をリフレクションするとき，ひとは思わずその時の心地よい感覚や嬉しい感情，達成感や快感を思い出し，追体験します。達成感や快感を抱いている瞬間には，得てして自身の強みやコア・クオリティがより鮮明に見えるようになります。また自信が湧きますので，「そもそも自分は何を目指してその職業に就いたのか」という使命や目標についても，思い出しやすく，また言語化して語りやすくなります。さらに言えば，成功体験を思い出して語っているときには，そのひとのよさや強みが語る姿の中に現れてきますので，話を聞いてくれている同僚や仲間からのフィードバックも，自ずとコア・クオリティを指摘するようなものが増える可能性が高くなります。

　このように，失敗体験のリフレクションを続けた場合に起こりうるネガティブな影響は，逆に成功体験をリフレクションすることで，一気に解消できる可能性があるのです。

　ひとによっては，これまでの成功体験は決して多くないかもしれません。そのような場合でも，例えばほんの些細な成功体験を自身の活動の中に見出せるようになれば，リフレクションしやすくなります。しかし，無理をして小さな成功体験を見つけようとする必要は全くありません。というのも，コルトハーヘンのコア・リフレクションの理念は，毎回のリフレクションをポジティブなものに変えようするものではないからです。「失敗体験のリフレクション」か，「成功体験のリフレクション」か，といった二項対立の考え方ではなく，無理のない形でそれらを両方取り入れていこうとするのが，コア・リフレクションです。

　ですから，普段は従来通り失敗体験のリフレクションを続けて，時に成功体験をリフレクションする機会を設ける，という形でも問題ないのです。

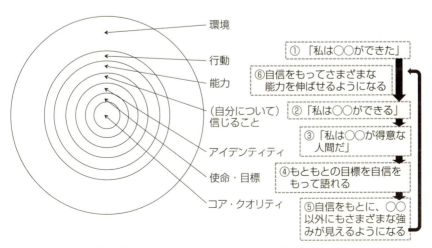

図表2.7.2　成功体験のリフレクションによって起きうるポジティブな相互作用

（3） まずは同僚や仲間同士の日常的な会話から，変えよう

　成功体験をリフレクションすることの意義が理解できたとしても，特に目の前に対応しなければならない課題が山積しているような職場では，なかなか「今回の振り返りは，成功体験に焦点を当てましょう」などと提案しづらいこともあるのではないでしょうか。

　成功体験をリフレクションし，ひとのコア・クオリティや目標など，ポジティブで未来志向のことを語り合う場づくりは，決して容易ではありません。一気に場を変えようとするのではなく，少しずつ時間をかけながら，ポジティブで未来志向型の関係性を育んでいくという意識が重要です。実際，コルトハーヘン自身も，2010年と2014年の来日を経て，日本でコア・リフレクションのワークショップを実施することが容易ではないということを語っています。というのも，2010年にコルトハーヘンが初来日した際には，ワークショップ後，ある50代の男性教師がコルトハーヘンに「はじめて自分のよいところを褒めてもらった気がする」と嬉しそうに語りかけたことが，コルトハーヘンの印象に強く残っていると言います。ベテランの教師ですら，同僚や仲間に褒められた経験を持っていないのだとすると，新任や若手の教師は，日頃どんなフィードバックを受けているのでしょうか。そのような職場の文化を少しずつほぐし，ポジティブに変えていくにはどのようにすればよいのか。コルトハーヘンは，**ヴィゴツキー**の〈**発達の最近接領域**〉という概念をもとに，一人ひとりが〈援助なく自力で達成できる物事の領域〉，ないしコルトハーヘンが〈安心して居心地よく過ごせる領域（comfort zone）〉と言い換えるところから，ほんの少しずつ足を踏み出す程度で済むほどのスモール・ステップを用意することで，徐々にひとが成長し，場づくりがなされるようにすることを提案します。

　例えば，同僚の中でも本音で話せそうなごく少数の人間で集まり，昼休みや終業後などに十数分程度の時間をとって，極めてカジュアルな形で成功体験を語り合う場を設けたり，仲間内でお互いが活動の中で見せた強みを付箋などにメモして一日の終わりに交換する習慣をつけたりするなど，無理のないごく小さな工夫から始めてみるのがよいかもしれません。

2 やってみよう！ 実習から戻った学生へのリフレクション

　教育実習をはじめ，インターンシップや就職活動など，学生がはじめて職業世界に入っていく際には，ネガティブなフィードバックを多数受けがちです。学生たちは経験も浅く，まだ勝手もわからない状況で入っていきますので，これはある程度仕方のないことだといえます。失敗を重ねながら，その都度先輩や上司に指摘を受け，「次に似た状況に直面したときに

■レフ・ヴィゴツキー
Lev Vygotsky（1896-1934）
19世紀のソビエト連邦で活躍した心理学者。発達心理学の発展に貢献した。

■発達の最近接領域
学習者が何の援助もなく自力で達成できる物事と，援助があっても達成できない物事の境のこと。援助なしでは達成できないが，何かしらのサポートがあれば達成できるという物事こそが，ひとを成長させるという考え方を示す。

2.7 ヒーロー・インタビュー

再度失敗することがないようにするにはどうすればよいか」を自問しながら，若者たちは成長していきます。

しかし，残念なことに，ネガティブなフィードバックが過剰になり，全く教育効果を生まないどころか，逆効果につながってしまうケースも多く見受けられます。今回実践例として紹介する，教育実習を終えたばかりの大学生を対象に実施したヒーロー・インタビューのワークには，教育実習で大きく自信を削がれてきた学生も多く参加してくれました。そして，ワークの後，「教育実習のことはもう思い出したくもないと思っていたけれど，小さな部分に目を向ければ少しは成功体験もあったということに気づけて嬉しかった」という趣旨のコメントを寄せてくれた学生もいました。

学習者がある経験を「思い出したくもない」と思ってしまった瞬間，その経験からの学びは途絶えてしまいます。記憶と学びを封印してしまう前に，少しでもポジティブな側面に焦点を当てる時間を確保することが重要です。

（1） ヒーロー・インタビューの3つのポイントを説明する

まず，学生に4～6名ずつのグループに分かれて（座って）もらいます。その後，「教育実習中に達成感を抱いた瞬間や，嬉しかった瞬間を思い出して，グループでシェアします」と，これからのワークの流れを簡単に説明します。

この時，驚いた顔や少しこわばった表情が見られることがあります。学生の間には教育実習のリフレクションと言えば失敗談を語ることになるのだろうという想定が暗黙のうちに，あるからです。また，こわばった表情が見られるのは，成功なんてしていない，失敗しか語れない，と思って心配になる学生がいることを意味します。そのため，すぐに成功体験を語らせようとしても，違和感や緊張感が解消されないため，うまくいきません。このことから，これからのワークの流れを説明したあとには，「どのように」成功体験をシェアするのかを丁寧に説明することが重要です*。

> ファシリテーター：これから，教育実習中に達成感を抱いた瞬間や，嬉しかった瞬間を思い出して，グループでシェアしていただきます。なお，このシェアの仕方に，大事なルールがあります。「ヒーロー・インタビュー」の方式でシェアしていただきたいと思っています。
>
> （できれば本物の野球の試合後のヒーロー・インタビューの映像を映しながら）野球の「ヒーロー・インタビュー」には，実はコア・リフレクションと呼ばれる新しいリフレクションに関する理論のエッセンスが詰まっています。特に日本人同士の会話にはなかなか通常見られないような特徴があるんです。どのようなエッセンス，特徴かわかり

*もし学生たちの緊張感が大きく，よりじっくりと場をほぐした方がよいと考えられる場合には，アイスブレイクのワークを実施してもよいかもしれません（→ p.85参照）。また，大学の授業やゼミなど，ある程度すでに関係性が確立している場で実施する場合には，学生同士にグループメンバーを選んでもらうと，緊張がほぐれます。

ますか?

「ヒーロー・インタビュー」のエッセンスは，この3つのポイントです*。

> 「ヒーロー・インタビュー」の3つのエッセンス
> ① 讃える（まず拍手！）
> ② 感情について聞く
> ③ 今後の抱負を聞く

*時間が許せば，ヒーロー・インタビューの3つのエッセンスを表示する前に，学生に当ててもらう時間を取ることが有効です。3分ほどでも時間を取ることで，学生は自分たちが今まで見たことのあるヒーロー・インタビューを思い起こしますので，よりヒーローやインタビュアーに成りきりやすくなります。

まず，「讃える」。これが何より重要です。シェアしていただくのはどんな些細な成功体験でもかまいませんが，語っている本人が心から嬉しいと思った瞬間を話してくれている以上，聞き手の方はここではそのエピソードを純粋に成功体験として受けとめてください。「え，でもそれってどうなの？」「本当にその対応がよかったのかな？」といった疑問がたとえ頭をかすめても，口や態度に出さない。プロのインタビュアーに徹してください。

次に，「感情について聞く」。これが，普段の会話ではなかなか行われづらいポイントです。でも，ヒーロー・インタビューでは，「その時の思いは？」「どんな気持ちでしたか？」といった感情について尋ねる質問を，繰り返し投げかけます。こうすることで，語り手の方は成功体験の瞬間をより鮮明に思い出し，より臨場感をもって語ることができるようになります。

最後に，「今後の抱負を聞く」。「次の試合に向けて……」とか，「来シーズンに向けた意気込みを一言お願いします！」といった質問なしに，ヒーロー・インタビューは終われません。こうした未来志向型の質問を投げかけることで，ただの自慢話や自己満足で終わることなく，自分の強みを今後どう活かしていくのかということを考えることにつながります。

このように，重要なエッセンスが詰まったヒーロー・インタビューの形式で，今回は皆さんに成功体験を語っていただきたいと思います。繰り返しますが，他人の目から見たらどんなに些細に思えるような成功体験でもかまいません。なによりも自分自身が達成感を抱いたり，嬉しいと感じたりした瞬間であることが重要です。語り手になる際には，「ヒーロー」としてインタビューを受けるわけですから，どうか堂々と自信をもって語ってください。聞き手になる際は，ぜひプロのインタビュアーになりきって，ヒーローが話しやすいポジティブな場づくりを行ってください。

（2）実施のポイントは，端的にテキパキと

説明が終わったら，いざ実践の時間です。下記のような時間の流れも学

生たちに示してからワークを開始し，ファシリテーターはしっかりとタイムキーピングを行うことがポイントです。

> ① エピソード・トーク：
>   語り手になったひとが，成功体験を2分間で語る
>   （この間，聞き手は静かに聴く！）
> 〈拍手！〉
> ② ヒーロー・インタビュー：
>   聞き手がインタビュアーになりきり，囲み取材形式で語り手のヒーローに3分間でインタビューを行う
>   （この際，3つのエッセンスを必ず含むこと！）
> 〈拍手！〉
> ③ 強みの書き出し：
>   エピソードの中や，インタビュー中の言動などから見えてきた語り手の強みを，聞き手を務めたひとたちが思いつくだけ1分間で書き出す
> →次の語り手に交代して，全員が語り手を務めるまで続ける

　エピソード・トークが2分，ヒーロー・インタビューが3分，そしてその後の強みの書き出しが1分ですので，グループ内1人当たり6分のワークとなります。したがって，単純計算で4人グループなら24分，5人グループなら30分で終了します。

　もしかすると，時間が短すぎるように思ったり，せかせかしているように感じる方もいるかもしれません。しかし，失敗体験のリフレクションとは異なり，成功体験のリフレクションは，一般的にかなりスムーズに進みます。短時間でも一気に自信を取り戻し，自分自身の使命や目標，アイデンティティについて語りやすくなることを実感していただけるのではないかと考えています。

　一方で，成功体験をリフレクションする際に，失敗体験をリフレクションする場合と同じくらい時間をかけてしまうと，途中でフロー*状態が失われてしまう危険性が生じます。例えば，なんとなくインタビュアーからの質問が途絶えた瞬間に，ふと成功体験を自信満々に語る自分の姿を俯瞰的に見てしまって，高揚感や集中力が下がってしまうといったことが，時間に余裕ができればできるほど起きやすくなります。本ワークの第一の目的は，ネガティブなフィードバックを受け続け，失敗体験のリフレクションばかり重ねた学生の自信を取り戻すことですので，このようなリスクを最小限に抑えるため，テキパキとしたスピード感とタイムキーピングに入念に気をつける必要があります。

*フローについては，p.25, 101参照。

(3) 最後は互いの強みを書き出し,「お土産」をつくる。

前節で,エピソード・トークとヒーロー・インタビューの後に「強みの書き出し*」という時間を用意していることにお気づきになった方もいると思います。これが,本章でご紹介するワークの最後のポイントです。

理想的には,各グループの机の真ん中に模造紙を置いておいて,その模造紙上に誰の強みかわかるように場所を少しずつずらしながら書くようにすると,スムーズに書きやすくなります。模造紙がない場合は,A4の紙などを一人ひとりに渡して,時間になったら各語り手となったひとの紙に残りのひとが手を伸ばして書くというかたちでも大丈夫です。あるいは,付箋を使って,ひとつの強みにつき1枚の付箋を使い,思いつくだけ書き出したあと,その付箋をプレゼントするという方法もあります。

ここで学生たちが書き出す「強み」は,前述の通り,エピソード自体の中から見えてきたものでもかまいませんし,語っている際の仕草などの中から見えてきたものでもかまいません。根拠も,あまりうまく言語化できないままでも結構です。第1部2章にある通り,コルトハーヘンのリフレクション理論の根底には,「客観」的に測定したり語ったりできる事柄よりも「主観」を大切にするという理念があります。ここでは,聞き手なりの主観に基づいて,語り手のひとの強みだと思われる事柄を自由に書き出してもらうことが重要です。

そのうえで,強みを書いてもらったひとには,どんなに照れくさかったり恐れ多く感じたり,あるいは万が一しっくりこないと感じたとしても,まずは一度しっかりと,「周囲のひとにはそれらがあなたの強みであるように見えているのだ」ということだけは受けとめよう,と補足することも有効です。他者からのポジティブなフィードバックを受け慣れていない場合には特に,このワークの部分に違和感を抱くことが稀ではありません。しかし,少しでもフロー状態に近づけ,失敗体験のリフレクションの重なりによって起こる悪循環を解消するためには,その違和感をこのワーク中だけは飲み込んでもらう必要があるのです。

互いの強みを書き出すことで,成功体験のリフレクションで回復した自信や,ポジティブな方向に動き始めた歯車に,あとになってからもまた触れられるようにするための「お土産」をつくることができます。また自信を失いかけたとき,ネガティブなフィードバックばかり過剰に受けてしまった時などに見返すことができる「お土産」には,授業後にも成功体験のリフレクションの効果を持続させる効果が期待できます。

(山辺　恵理子)

---

*「強み」を書く際のポイントは,できるだけ端的に,例えば「勇敢」「察す力」などの一語で表現したり,「決断力がある」「子どもを第一に考える心」などといった短い言葉の連なりで表現することです。

2.8 レンジャーズ・ワーク

> ▶ 目的　コア・リフレクションの理論に立脚したワークを通して、自他の強みを生かしながらよりよいチームを実現する。
> ▶ 対象　子どもから大人まで。何かしら「協働」することを余儀なくされているひと。特に、新しいチームが編成された時や、チームワークが行き詰まったように感じられ始めた時に実施すると効果的。

　コルトハーヘンは、ひとの強み、〈コア・クオリティ〉*を高級なダイヤモンドに例えます。無数の側面を持つようにカットされたダイヤモンドは、光を当てる角度に応じて、さまざまな輝きを見せます。また、輝かせたいと思って懸命に磨いだ側面ほど美しく光り輝き、磨がれることのなかった側面は、同じ石であっても、鈍い輝きしか見せなくなります。

　このように、ひとの強みもまた、無数に存在していると考えられます。たとえ自覚できていなくても、潜在的には無数の側面が存在しているのです。しかし、ダイヤモンドとは異なり、とりわけ固定された集団の中で暮らしていると、ひとは決まった角度からしか光を当ててもらえなくなりがちです。もしそのひとが何かしらの専門家としてその集団の中で活躍することが求められていればなおさら、その専門家としての資質や能力に関連する側面にばかり光が当てられた生活を送ることになってしまうかもしれません。

　ですが、たとえ同じ資格等をもつ専門家であっても、その実践や周囲のひとと築く関係性は千差万別です。その理由は、平たく言ってしまえば「人柄」の違いですが、コア・リフレクション**の考え方に基づいて説明しようとするなら、その時々の状況、組織や社会の中で光が当てられている強みの組み合わせや、それまでの人生や生活の中でのそれらの強みの磨かれ方がひとによって異なるから、と言えます。「自分自身はどの角度から光を当てたいのか」に注目しながらこの固定化された光の角度を変容・拡大していこうとするのが、コア・リフレクションの考え方です。

　では、数ある強み、そのすべてに光を当てなければならないのでしょうか。そのすべてを丁寧に磨かなければならないのでしょうか。

　達成したい目標が大きければ大きいほど、ひと一人の力で叶えることは難しくなります。複数のひとがそれぞれの立場や強みを生かして活動する

*p.24参照。

ダイヤモンドに例えられる「強み」

**p.23参照。

限り，ひとは無数にある側面のすべてを光り輝かせる必要はありません。むしろ，協働する仲間の強みを理解し，それを補ったりサポートしたり，時には共鳴するような形で自分自身の強みを発揮する方法を考えることで，個人主義から真の協働するチームへと発展することができます。

本章では，このようなポジティブで無理のないチームづくりを行うためのワークをご紹介します。

1 理論を学ぼう

（1）成長していても，芯が歪んでしまうことがある

*p.24参照。

1部1.2にある通り，コア・リフレクションは，既存の心理学の潮流に抗う形で確立された〈ポジティブ心理学*〉の考え方に立脚しています。前述の通り，ポジティブ心理学は，マーティン・セリグマンが確立した心理学への新たなアプローチで，従来の心理学や精神医学がひとの持つトラウマや欠陥に焦点を当て，それらの克服や補完を目指してきたのに対して，むしろひとの強みに目を向けて，それらをよりよく発揮できるようになることを目指します。コア・リフレクションは，ポジティブ心理学の考え方をもとに開発されたわけではありませんが，とても親和性の高いリフレクションの考え方です。

ひとは常に，外部からの圧力を受けて暮らしています。例えば，あなたが2019年現在，日本で高校の教師をしていると仮定します。だとすれば，おそらく今あなたの周りは「大学入試改革」「ICTの活用」「21世紀型学力」「教員の働き方改革」「アクティブ・ラーニングとカリキュラム・マネジメント」などといったキーワードであふれているのではないでしょうか。これらの政策の動きや言説，議論をもとに，あなたは採用当時に求められていたものとは異なる力を発揮することが求められるようになります。「重要項目を暗記させるよりも，思考力を養う授業に変えていかなければならない」「ICTを活用して，生徒の興味関心を広げられるように努めなけれ

**p.26参照。

ばならない」「環境問題など，解決困難な社会的課題についても諦めずに仲間と協働して取り組める力を育まなければならない」など，ひとつひとつの要望や期待は，決して間違っていない，むしろ望ましい変化を志向しているかもしれません。しかし，まっとうな要望だからといって常に耳を傾け続けていては，コルトハーヘンが描く〈玉ねぎモデル**〉の玉ねぎが，外側から芯の方向に向かって押しつぶされ，歪んでしまいます。

いつしか，「○○しなければならない」という意識か

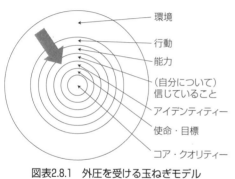

図表2.8.1　外圧を受ける玉ねぎモデル

ら「行動」を取るようになり,「○○できるようにならなければならない」というプレッシャーから特定の「能力」を伸ばすようになります。うまくいけばいくほど,その「能力」こそがあなたの「強み」であるかのように錯覚してしまいがちです。そして,「自分は○○することが得意だ」という意識から,教師としてのアイデンティティを再構成し始めます*。

以上の流れは,決して教師の例に限った話ではなく,いわゆる社会人が成長するうえで,ごく一般的なプロセスです。しかし,この成長はあくまで外部からの圧力によって否応なく生じたものであることを留意する必要があります。玉ねぎの芯の方から外に向かうリフレクションを意識的に取り入れていなければ,どんなに成長していたとしても,どこかで自分の仕事,役割や立場を意味づけできなくなり,「何のためにやっているのか」を自問しながら迷うことになってしまいかねません。

外部からの圧力による成長を続けたひとは,下記の4つの文章の穴埋めをしようとした時,なかなかスムーズに記入できないのではないでしょうか。

> *逆にうまくいかなければ,より一層状況は顕著に深刻化します。例えば,教員の働き方改革に向けて勤務状況の管理をする立場になった教頭先生は,うまくいかないことで自分は管理能力がなく,管理職に向いていないと信じ始めてしまうかもしれません。しかし,玉ねぎモデルの内側からリフレクションしてみると,働き方改革以外に管理職としてやりたかったことがあったことを思い出すことができます。

図表2.8.2 コア・リフレクションを促す穴あき文章

1. 私の強みは_____です。
2. 私の〔職業名〕としての目標は_____です。
3. 私は〔職業名〕として_____
   という役割を大切にしています。
4. 私は〔職業名〕の仕事の中でも,
   特に_____が得意です。

この穴埋めの文章は,玉ねぎモデルの内側からの4層を文章化したものです。こうした項目に関する自分自身の考えを探る機会を意識的につくることで,外部から寄せられる要望や期待に対しても「なぜ応えるのか」,自分自身の強みや目標,アイデンティティをもとに意味づけすることができます。さらに,こうしたリフレクションを積み重ねることにより,概ね同じ方向に成長したとしても,より自身の強みを生かす形の成長の仕方へと軌道修正されていくことが期待できます。

(2) 強みと弱点は,表裏一体

なお,ここで注意すべきなのは,強みに焦点を当てることと弱点に焦点を当てることは,実は表裏一体だということです。まず,「自分にはこのような強みがある」ということをしっかりと認識できるようになるためには,他者との対話を通して(前章のヒーロー・インタビューのワークを参照)自信をつけ合っていくことが肝心です。なお,そのプロセスにおいては,「自分にはこのような強みがある」ということの他に,「自分の周囲のひとたちにはこのような強みがある」ということも自ずと認識することになり

ます。この時に，自分自身の強みを愛でるのではなく，他者の強みを羨む方向に思考が働いてしまうと，一気に従来型の心理学が持つ思考様式へと引きずり込まれてしまいます。

このように強みと弱点が表裏一体で，ポジティブな思考を「癖」にしないことにはすぐにネガティブになってしまうことから，コルトハーヘンは常にその切り替えができるようになることを重視します。

例えばコルトハーヘンは，会ったこともないひとの写真を見た瞬間にそのひとの強みを指摘できるようになる練習方法をも開発しています*。15秒間ずつ表示される写真を見て，即座にその写真に写ったひとの強みとして見えることを言語化するのです。最初は，あまり言葉が出ないものです。しかし，7，8枚と進めると，徐々に初見のひとの強みが見えるようになってきて，最終的には，少し苛立った表情で行列に並んでいるようなひとの写真を見た時にも「忍耐強い」「ルールをきちんと守る」といったポジティブな側面への気づきが瞬間的に開かれるようになります。

このように，強みに目を向ける練習をしながら，玉ねぎモデルの内側の層についてリフレクションしていくことが重要です。

*pp.24-25参照。

（3） 個人主義からの脱却

最後に，なぜひとが弱点に焦点を当ててしまいがちなのかについて，ひとつの考えを示します。それはもしかすると，個人主義的なパラダイムから抜け出せていないからかもしれません。

もし個人の力ですべてを達成しなければならないとすれば，確かにダイヤモンドにある無数の側面のすべてに光を当てなければならないと考えるようになるでしょう。そして，可能な限り自分という個人を完璧に仕上げたいと願うと思います。

しかし，実際にはすべての側面を完璧に磨きあげることも，その状況を維持することも，ほぼ不可能です。ですから，自ずと「あとここを磨かないといけない」「ここも伸ばさないといけない」という思考になり，強みに焦点を当てるはずが，逆に弱点や不足している点ばかりに目が行ってしまう状況に陥ります。

ただ，現実問題，冷静に考えて，本当にその仕事は一人で完璧にこなさなければならないものなのでしょうか。同僚と補い合ったり，組織内で得意とするひとがいないものは委託したり，広く緩く協力し合いながら実行できないものでしょうか。コア・リフレクションを真に実行し，弱点よりも強みに焦点を当てようと思うなら，どこかで個人主義的な考え方を捨てなければならなくなります。360度全方面から輝くダイヤモンド単体よりも，光を反射させ合いながら部分部分を輝かせ合うダイヤモンドが目指されます。

チームのイメージとして，単独ではなく，互いに輝かせ合うダイヤモンド

2 やってみよう！ 活躍するチームをつくるためのリフレクション

> ワークショップの流れ（例）
> ① 成功体験のシェア（前節「ヒーロー・インタビュー」参照）
> ② 強み書き出しワーク（前節「ヒーロー・インタビュー」参照）
> ③ 玉ねぎモデルを用いた文章の穴埋め
> ④ レンジャーズ・ワーク

（1） レンジャーズ・ワーク*に向けた準備

　レンジャーズとはつまり、戦隊ヒーローを意味します。自分に合った戦隊ヒーローをデザインするレンジャーズ・ワークは、各々が強みを発揮しながら協働し、理想的なチームとはどのようなチームかを構想するワークです。そのため、まずはポジティブな雰囲気の中で互いの強みに向き合う時間を確保する必要があります。この際、前節の「ヒーロー・インタビュー」の方法を用いると効果的です。

　時間が限られていれば、「自分はこんなことを成し遂げたことがある」という「プチ自慢」を小グループに分かれて1人2分程度でしてもらい、その話の内容や話す姿から見えてきたそのひとの強みを、各自で付箋などに書き、強みを有する本人に渡してあげるという方法もあります。プチ自慢大会形式であれば、5人グループの場合、15分程度で強みの書き出しまで実施可能です。

*レンジャーズ・ワークは、4～7名のグループで実施することが理想的です。それよりも多くの人数でチーム作りをしたい場合には、複数の小グループに分けてワークを実施した後、それぞれのグループが考案した戦隊ヒーロー同士がいかにコラボレーションできるかを考える時間を取ることをお勧めします。

（2） レンジャーズ・ワーク① 自分の強みを言語化する

　場の緊張感がほぐれて、各小グループに互いのよさを認め合う関係性がある程度できたように感じられたら、いよいよレンジャー・ワークに入ります。

　まずは各参加者に個人作業で、前述の4つの文章の空欄を埋めてもらいます。

　しかし、そもそも1つめの文章を埋める時点で行き詰まってしまうひともいるかもしれません。そのような場合には、お互いにヒントを与え合うワークを挟むことも効果的です。

　例えば、先ほど付箋などに書いた互いの「強み」に、少しエピソードや説明をつけていく方法もあります。順々

1. 私の強みは＿＿＿＿＿＿＿＿＿＿＿＿＿＿＿＿＿です。
2. 私の〔職業名〕としての目標は＿＿＿＿＿＿＿です。
3. 私は〔職業名〕として＿＿＿＿＿＿＿＿＿＿＿
　という役割を大切にしています。
4. 私は〔職業名〕の仕事の中でも、
　特に＿＿＿＿＿＿＿＿＿＿＿＿＿＿が得意です。

（図表2.8.2再掲）

に2分間ずつ，各メンバーの強みについて思いつくことを下記の文章テンプレートをもとに口頭で伝えます。強みを端的に表現できるようになることも重要ですが，それに簡潔な根拠も付き添えられるようになると，指摘されたひとはその強みを自分が確かに持っているものとして受け入れやすくなります。

図表2.8.3　強みに説明とエピソードを加える補足ワーク用文章テンプレート

○○さんが＿＿＿＿＿＿＿＿＿＿＿＿＿＿なさった時，
強みとして＿＿＿＿＿＿＿＿＿＿＿＿＿＿が発揮されたのだと感じました。

（3）レンジャーズ・ワーク② 自分の強みをイメージ化する

グループ全員が4つの文章の穴埋めができたら，次の問いかけをします。

あなたの強みは，どのようなイメージですか？
何色が似合うと思いますか？
何かシンボルで表すとしたら，どのような形でしょうか？

また，あなたの得意なことを必殺技で表現するとしたら，なんという名前の，どのような技になりますか？
そして，その必殺技をかける相手は，どのような「悪」なのでしょうか？

10分ほど時間をとって，自分の強みを表す色，シンボル，そして必殺技についてのイメージを個人個人に分かれて固めてもらいます。とりわけ最後の「その必殺技をかける相手は，どのような「悪」なのでしょうか？」という投げかけを通して，改めて自分は何を目標にしていて，その最大の阻害要因となっているものは何なのかをじっくり見つめるように促します。

なお，まず個人で自分の強みのイメージを表す色，シンボル，必殺技を考えてからグループで共有するという順序がとても重要です。個人で考える時間を十分に確保しないままグループでの話し合いに入ってしまうと，他メンバーの強みイメージに合わせて自分の強みを位置付けようとしてしまいがちで，結局また外圧を受けた玉ねぎモデルに逆戻りしてしまいます。

自分の強みをイメージ化するためのメタファーとしてのヒーロー

（4）レンジャーズ・ワーク③ イメージをパッチワークする

いよいよグループで「スーパー○○レンジャーズ」という名前の戦隊ヒ

ーローグループをつくります。先ほど個人で考えた色，シンボル，必殺技，および悪役のイメージをつなぎ合わせながら，一つの戦隊ヒーローのグループを結成することを目指します。

　この際に注意すべきは，例えば全員のイメージカラーが「赤」になってしまったとしても譲り合って妥協する必要はない，ということです。玉ねぎモデルの内側から外に向かってリフレクションした結果をイメージにすることで忘れにくくすることが，このワークの最大の目標のひとつです。したがって，個人が考えた色，シンボル，必殺技のイメージはグループでの話し合いの中で決して変えないことが鉄則です（会話の中でよりしっくりとくる自分の強みを表す言葉やイメージが思い浮かんだ場合には，変更してもかまいません。ただ，グループとしての一貫性を持たせるためや，他のメンバーのイメージと重なる部分があったから，といった理由での変更は認められません）。グループ全員が赤のイメージを出した場合，赤の中でも何色寄りの赤かを話し合ってその微妙な差異を見つけていってもよいですし，全員が全く同じ赤色のヒーローになってもかまわないのです。

　各々の強みのイメージが共有できたら，ひとつの戦隊ヒーローのグループになるために，「チームとして目指す，共通の目標は何か？」「このメンバーが力を合わせた場合，どのような世界を実現できるか？」を考察してもらいます*。

　15～20分程度時間を取り，最終的に各グループで下記のことをプレゼンテーションしてもらいます。

・チーム名：スーパー〇〇レンジャーズ
・メンバー紹介：色，シンボル，必殺技
・チームとして力を合わせて実現する世界と，それを阻む最大の「敵」

---

*このワークでは特に参加者によって，必要な指示や補足の内容が異なってくることが予想されます。
　学級づくりを行うことを目的に子どもを対象に実施する場合は，シンボルや必殺技の格好のよさを重視して，徐々に当初書いた自分の強みや目標からイメージがずれてしまうことがあります。
　一方，大人同士で行う場合には，無難な必殺技や目標になりすぎてしまうことがあります。
　参加者に合わせて，少し真面目なトーンでファシリテーションしたり，よりふざけたりクリエイティブになってもよいというメッセージを伝えたりと，臨機応変な対応が求められます。

チームとしてのスーパーレンジャーズのイメージ完成図の例

教育者（大人）を対象としたワークショップで作成された
スーパー・レンジャーズの一例

（5） リフレクションと弱点の克服方法の確認

　戦隊ヒーローはえてして，格好よいばかりではありません。それぞれ弱点を持ちつつも，異なる強みを持つ仲間と力を合わせることでそれを補って，世界を悪から守っているのです。

　このことを踏まえて，最後はまた個別に，自身の弱点と強みの両方についてリフレクションを促すと効果的です。例えば，「あなたにはどのような弱点がありますか？　スーパー○○レンジャーズとして仲間と力を合わせることで，それらの弱点をどのように克服・補完できると思いますか？」といった問いを投げかけ，個人で紙に考えをまとめてもらうなどの方法があります。

　弱点の克服方法として，ダイヤモンドのすべての側面を磨き続ける以外に，仲間と力を合わせるという方法があるということを実感してもらうことが，本ワークの肝です。

（山辺　恵理子）

2.9 リフレクションのワークの実施に向けて

- ▶目的　リフレクションを目的とするワークショップを企画し，実施していくうえでの肝要な点や要件を再確認する。
- ▶対象　ワークショップ（ワークショップ型の研修）を実施する側

1 理論を学ぼう

　第2部の最後に，リフレクションをだれかにコーチしていく機会や場面，リフレクションをみなで一緒にやっていこうとするときに，どう進めていくのかを見直しておきましょう。〈リフレクションの教育者〉としての留意点です。リフレクションを導くうえで，大切にしたい考え方や前提とすべき要件のなかから3点挙げて重点的に確認しておきたいと思います。

（1）集中や没頭感

　まずリフレクションにとって，自分自身のまなびについて，集中して向き合うことが最重要です。裏返せば，リフレクションに対して何かしらの疑念を抱えていたり，どこか軽んじた片手間感で向き合ったりすると，最中の思慮を浅く留めてしまい，ひいてはリフレクションの妨げとなりかねません。

　これは，心理学者**ミハイ・チクセントミハイ**が提唱した「フロー理論」の考え方が参考になります。「フロー」（flow）の概念とは，ひとが集中し没頭して取り組んでいる意識や感覚を指摘したもので，その状態*は学習意欲や生産性，創造性などと密接に結びつくといった，ひとの成長発達につながるのだとする理論です。例えば，高名なアスリートが高度なパフォーマンスを実現した際に口にする"ゾーンに入る"状態や，その道の熟達者が語る"無我の境地"といったもの，すなわち，そのひとの能力がより高く発揮されている，集中力がひと際高い状態を思い浮かべてみてください。それほどまでの状態は理想的かもしれませんが，その域に近いほど，自分自身のまなびの実感も強まり，信頼性も増し，自身のよさや強み，事象に対する建設的で効果的な認識が可能になります。この"没頭感"がリフレクションには不可欠なのです。逆に，過度に理性的な態度や一歩引いて身構えた心持ちはリフレクションには不利になります。最もうまくいっ

ミハイ・チクセントミハイ
Mihaly Csikszentmihalyi
(1934-)
ハンガリー出身のアメリカの心理学者。「楽しみ」を研究し，「フロー」概念を論じたことで知られる。1970年代から提唱していたその考え方は"Flow"（1990）で著書となって世に出た。

*「フロー」の状態の例
・自分の状況や行為を制御している感覚を伴う
・時間感覚がちがってくる
・日常の気苦労や不満が除かれた深く無理のない没入感　等

ている教育的な場面では，思考や意図，感情が一体となった内的調和状態がみられると指摘されることからも，思考－感情－欲求をエレベーターモデルで行き来するリフレクションにおいてもまた，こうした状態が望ましいというわけなのです。

（2）安心感

リフレクションがうまくいくには，自分としっかり向き合うために，心の頑なさや抗うような考えのない，純然と自分の考えや感情，欲求を意識したり，みつめたりすることができる，〈安静な心持ち〉が大切になります。

アメリカの心理学者，**バーバラ・フレデリクソン**は，安心感や喜びといった自己肯定的な心理状態（ポジティブな感情*）が，思考や行動の選択肢を拡げ，そのひとの身体的・認知的な資源を形成することによって，ひとは成長するのだと論じました（「拡張－形成理論」Broaden-and-build theory）。さらに，ポジティブな感情とネガティブな感情との組み合わせの妙（3：1がよい，1：1がよいなど，その比率には諸説あります）が，より効果的なまなびを生み出すとも言われています。

そう言われてみると，日本的な"反省"はどうでしょうか。いけないところやダメ出しといった，ネガティブな側面に目が向きやすい傾向に気づかされるではありませんか。このことから対照的に考えれば，リフレクションにとっての大切な要件が再度焦点化されるはずです。より伸びやかで可能性の広がる判断や意思決定を生み出す土壌として，自己肯定的な心理状態を保っておくことが先決されるべきだ，というわけなのです。

（3）まなぶこと＞教わること

リフレクションはだれのためでしょうか？ 言わずもがな，本人すなわち当事者，です。あくまでも，"自らにまなぶ"のは学習者自身であって，教わること・教えられることと同義ではありません。

コルトハーヘンは，私たちに"リフレクション"のコーチや"リフレクションのコーチング"をコーチしてくれるなかで，終始，参加者（＝学習者）を主体とすることの重要さを説いてくれました。このことは，リフレクションを自分で行っているときには，無自覚にも当たり前のこととして，気づきにくいことかもしれません。ところが，いざ，だれかのリフレクションを促そうとなったとき，ついこちらがその振り返りからの含意を示してあげようとしたり，巧くまとめようとしたりするなど，"教えよう"としてしまいます。リフレクションは，自己の経験や体験からまなぶためのものですから，どこまでいっても，主体や目的は当事者自身の側が主となるはずにもかかわらず，です。傍にいる第三者のほうが，どんなにより広範で多様な見方など優勢な視点や見解を持っていたとしても，どんなに客

■バーバラ・フレデリクソン
Barbara Fredrickson
(1964-)

アメリカの社会心理学者。ポジティブな感情を研究したポジティブ心理学者の一人。代表作にPositivity (2009)など。

＊モノごとに前向きや建設的でいる際にもつ感情。
例えば，喜び，楽しみ，希望，愉快，安らぎ，誇り，感動や鼓舞等が挙げられる。

観的に,"岡目八目"に見えていたとしても,関係ありません。当事者のリフレクティブなまなびのためならば,黙って一旦引き下がるほかないのです。時に,私たちは,この過ちを"教え過ぎ over-explain"と名付けて自戒しています。リフレクションをするのはだれなのか,このことは終始一貫して意識すべき鉄則です。

以上,3つの要件を示してきました。これら3つは,互いに結び付き,補い合って,リフレクションには欠かせないものです。

それでは,これらを念頭に,以下,実際にリフレクションを研修などで実施していくにあたって,だれかに対して／だれかと一緒にリフレクションを実施していく企画を,シミュレーションしながら考えてみましょう。

2 ワークの準備・立案

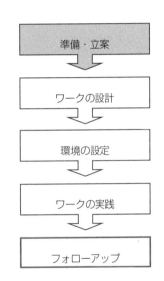

ここでリフレクションの体験やまなびを仕掛ける側,ファシリテーターやコーチ役を"教育者",リフレクションをする側,当事者,参加者を"学習者"と呼び分けることを再度確認しておきます。

あなたは実施する側の教育者の立場だと想定しましょう。まず,ワークショップを企画し,実施するにあたって,一般に出発点として明確にしておく要件は,〈何のために〉(目的)と〈だれに〉(対象)の2つです。

(1) 企画の〈目的〉を定める

〈何のために〉については,ここでは学習者本人がまなぶことが唯一最大の目的です。具体的なタイトルとしては,"リフレクションをやってみる","リフレクションをもっとよく理解する"等々。いずれにせよ,リフレクションを実体験することなく,ただ知識としての"リフレクション"を聞き知って帰るという機会ではないはずです。当然ながら,集まる参加者に対して,リフレクションを促す場をつくりだすことが第一義だと心得ましょう。

表し方はともかく,ワークの活働の中身は次のどれかに相当するはずです。

①リフレクションを初めてやってみる
②リフレクションをもう少し深めて(やって)みる
③リフレクションを別の手法でやってみる

いずれにしても,リフレクションをワークショップで扱う企画は,"学習者が実際にリフレクションを行う"こと抜きには考えられないことを確認しておきます。

(2) 学習者＝〈対象〉を想定する

　目的と相前後して，学習者として目の前にする相手も問われます。そのひとたちは〈だれ〉なのかを想定するはずです。そのひとたちだからこその〈何のために〉もつながる大事な要件です。学習者はどのようなひとたちの集まりなのかを，あらかじめある程度知っておくべきことは，リフレクションがうまくいくための条件となる安心感が不可欠で，学習者の自己開示のしやすさと大きく関わるからです。

　学習者については，まずその属性として，次のような違いや多様さがあると考えられます。

　職種・業種／地位・立場／性別／年齢層／個人参加 or グループ参加

　もっと注意を払えば，〈体調や気分〉のありようまでもがワークの成否に関係します。不安要素は集中を妨げますし，リラックスできなくなるからです。

　ただし，どのような属性のひとたちが〈多い／少ない〉について，どうあるべきかとか，混じるのは好ましいか好ましくないかとか，などという問題ではありません。むしろ，その差の意味がもたらす影響を考え，対策を講じることが先決で実際的です。例えば次のようなバラつきや差が考えられます。

① ワークへの〈期待度〉の差

　そのワークに参加すること自体，どのような観点から，どの程度の期待を持って臨んでいるのかの違い。なによりも，不信感や疑念はリフレクションを不発にします。そこで，導入での不安の払拭，ワークの最中もできる限り不安要素が顕在化しないようにすること，が重要となってきます。

② リフレクションそのものの〈経験〉の差

　例えば，リフレクションについての初心者や"一見さん"であるのかどうか，またはリピーターや経験者なのかの違いです。リフレクションについて，過去にどのようなリフレクションにまつわるワークを，どの程度経験しているのかは，本来最も勘案したい差です。リフレクションの初心者や未経験者にとっては恐々かもしれませんから，落ち着いて集中することを妨げないように配慮を巡らせます。一方ある程度のリフレクションのリピーターは，率先して取り組んでくれたり，ワークに集中するすがたを見せてくれることで，他の参加者に対して，リフレクションの"呼び水"的な存在となってくれるととてもありがたいところです。

　逆に，懸念する場合は，例えば，"ある程度リフレクションを経験している"と自称する学習者が自己流のリフレクション（ときに"リフレクションもどき"や"えせリフレクション"）をてらいなく堂々と"演じ"*られてしまうと，他の参加者が純然と自分自身と向き合いづらくなるといった周囲への影響も起こります。誤解しないでいただきたいのは，リフレク

＊あえて"演じる"と表しました。それは，自身と純然と向き合っているとは言い難いように見受けられるようすです。ときに，過度な高揚感や解放感を伴ってテンション高く張り切ったり（※自然なフロー状態とは異なる），知識や理論の口数が増えて説明的になるなど"武装"してしまっているといった，何かしらの自己防衛を示しています。これらは真にリフレクションには向きあっておらず，別物とみなします。

ションはあくまでも,「自分自身に学ぶ」ことに純然と向き合うところです。テクニックやコツなど，表面的な活動を全面的に押し出し，型や技術に留まるようなとらえ方は誤解だと考えてください。

こうした経験のバラつきや差は，グルーピングの仕方や，各グループの人数などで調整します。場合によっては，ワークそのものを別立てして分けてもよいでしょう。

3 ワークの設計

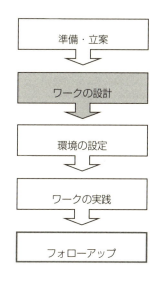

(1)〈テーマ〉を設定する

どのような〈テーマ〉を立てるかは，大抵，対象となる学習者の想定とほぼセットで定まります。どのような人たちが何を行うのかを，端的に表すのがテーマです。リアリスティック・アプローチのリフレクションとしては，学習者が，「今まさに直面している・渦中にある事象」につながるものがよいでしょう。

例えば，—「いまの職場やチームを活性化するには？」
　　　　—「明日，仕事が楽しみになるために」
　　　　—「リフレクションを職務にどう活かしますか？」などです。

基本的にポジティブな題材をお奨めします。つい"どこがいけないのか"，"見つめ直そう"など改善ポイントを点検するニュアンスで設定してしまいがちです。切実さを大事にしたいという気持ちもわからなくもないですが，リフレクションをやってみる，リフレクションを促す，のならば，ポジティブさを基調とすることが肝要です。改善や修正を急ぐ意識にかまけてしまうと，ALACTモデルの第3局面をすっ飛ばした第4局面「行為の選択肢の拡大」を出そうとしがちになるものとご注意ください*。

*p.44参照。

(2) ワークの〈構成〉を考える

「自身の経験や体験に学ぶこと」を学ぶのですから，経験や関心・期待度の差はあれども，参加する学習者みんなが，その時そこで共通して同じ活動を体験するのは，確実で意義深いリソースになります。学習者が，現状やこれまでの経験を題材に，語る・表す・提案する，それを聴きあう・共有する等々。テーマに則した学習者の共同活動を，ワークの出発点として思い描きましょう。

ここで参考となるのが「5段階の手順」**です。その共同活動を，5段階の手順のうちの「2.経験」に位置づけてみましょう。すると，共同活動に先立つ前提条件，すなわち"仕込み"となる「1.事前構造化」を考える必要がわかるはずです。すなわち，ワークの冒頭，テーマに近づくた

**pp.32-34, 56-57参照。

めの視点や動機づけとなる話題や情報の提供を用意します。おそらくそれは，背景情報や問題の所在となります。何がどういう経緯・しくみで問題となるのか，それを考えるうえで気づいたり確認したりしておきたい視点や考え方，といった具合です。

仕込みが整い，テーマに沿って共同活動をしますと（「2．経験」），それに基づいて，学習者と「3．構造化」をしていきます。皆の気づきや学びを言葉に出してもらい，共有するために黒板やホワイトボードに書き付けていきます*。そして，さらに「4．焦点化」へと進み，学習者の学びについてあたかも輪郭線を引いて見やすくするかのように，絞り込むのを助け，促していきます。もちろん学習者が主体ですが，絞り込むための焦点の候補として，教育者はあらかた幅をもって予想しておく必要があります。ただし，あくまでも予想であり準備です。それを着地と考えたりそこへと議論を引っ張っていったりしないよう心がけます。学習者の文脈や論理を損なわないよう焦点化すると，それを受けて「5．小文字の理論へ」と，学術的理論へとつながるように問いを拓くなど高次の視点に立ち，ワークを結ぶことになります。

本書で示した他のワークでも，その構成や効能を考えてみるといいでしょう。

＊ちなみに，コルトハーヘン氏や私たちは，貼る／剥がすが自在な，大型の糊付付箋紙を用います。書き付けた後でも移動が手軽，ときには壁にも貼れるなど，融通が利くのが便利です。

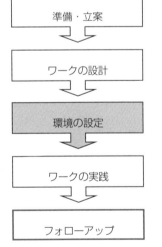

4 環境の設定

リフレクションは，いずれ身につくと時や場を選ぶものでもなくなりますが，ワークとして仕掛けるには，ことさら〈場の組み方〉は重要です。

(1) アクセス

会場の案内や掲示。場所はどこか，どのように会場に至ることになるのか，すぐにわかるのか。〈アクセスのスムーズさ〉もまた，設定としての安心感につながるものです。迷う，遅れる，といった障壁はできるだけ取り除きます。

さらに，〈会場での動線〉もとても重要です。入口・通路，通行や侵入の不可の有無等，ルートの事前周知など，できるだけの配慮は必要です。

(2) 設備環境

ワークにおいて，窮屈さや居づらさは大敵です。会場の適切な広さに加え，〈座席の数と配置〉は，活動しやすい空間の余裕という見地でも，**パーソナル・スペース**の確保の点でも，それぞれ配慮が必要です。また身軽に，心置きなく，ワークに集中するための荷物置き場の確保や，室温の寒

パーソナル・スペース
社会心理学の用語で，他者の接近を許せる距離，あるいは，それより近いと不快に感じる空間。対人距離。

暖の調整や上着の要不要，その置き場所など，できるだけ〈身体感覚的にもリラックスできること〉が望ましいです。当然ですが，〈備品や用具〉も不備不足はないように。

（3）雰囲気の"地ならし""ほぐし"

コルトハーヘンも，早めに会場入りし，目的に添ったＢＧＭを流しておくなどして，その空間の〈雰囲気づくり〉に細心の注意を払います。欲を言えば，採光やライティング，部屋や壁の色調すら影響は否めないため，気にかけておきたいです。一方，会場の準備やセッティングなど〈準備状況〉も，緊迫感や慌ただしさが学習者に伝わって不安を醸し出さないよう，十分な時間の確保を推奨します。

5 ワークの実践

（1）実践前の確認

ここで挙げた要点・視点は，チェックシートにして確認するのもいいでしょう。ただし，その流れ・順番が確定的・絶対的なものではありません。些末なポイントの鵜呑みではなく，その本義を考えながら参照してください。

（2）実践に臨んでの心構え

学習者だけでなく，教育者にとっても，安心感や没入感は必要です。安心感の出発点として，教育者の側の準備不足や理解不足が影響します。どのようなワークショップでも同様ですが，教育者が不安や疑問を抱えていては，うまくファシリテートできません。ワークの目的や段取り，進行も確認して明確にし，不安要素はできる限り無くして臨みましょう。*

（3）ワーク実施の最中

① 学習者をモニターする

学習者の学びが主体だからこそ，そのひとたちの状況に敏感でありたいものです。学習者の状態の変化—口調・口数・言葉遣い，顔つき・表情，しぐさ・身振り手振り，からだの開き具合・重心や傾き等々。コルトハーヘンは，フロー概念を引き合いに，リフレクションがうまくいっているのは，学習者の目に現れると説明します。さらに，笑顔や声のトーン，身体の動きや互いの距離など，学習者のようすをモニターしながら，ワークの進行をコントロールします。そのコンディションによっては，学習者も気づかないほど穏便にワークの時間やペースを調整しています。

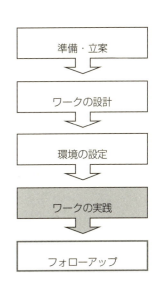

*ちなみにファシリテーターのマインドとして重要なものに，「自分の状態変化に敏感になる」「いま，ここ」に集中する」「オープンマインドを保つ」「自分の役割を明確に意識する」「意外性を楽しむ」「共感力を養う」が挙げられます（Dressler 2010, 訳書）。

② 教育者の身体技法

　ひと前に立つ際，その身体技法はテクニックと同じレベルでとらえられがちで，所作やしぐさなどが配慮可能でしょう。ところがそれだけではありません。意識的に振舞って見せる・演じる所作とは別に，無意識に醸し出す身体遣いもしっかりファシリテーションに影響します。例えば，セリフ口調ではない自然なトークは，表情・話し方（口調，ペース，言葉遣い）に表れて，安心感に関係するでしょうし，身振り手振りは，学習者の集中を引くこともあれば，逆にうるさく感じられて気を散らせることにもなりかねません。

　こうした無意識ながら伝わる言動の他に，実は〈立ち位置やポジショニング（位置取る場所や位置取ろうとする動き。うろつきや身体の揺れ）〉も学習者に静かに影響します。学習者は教育者のリラックス感と一体化するのです。

③ 会話のやりとり

　リフレクションのファシリテーションでは，リラックスと同時に個々の実感や体験に根差した納得の流れがベースになります。ですから，ワーク中の不意の発言や，その応答についても，それは学習者の学びのプロセスとして，受けとめる（というより，むしろ"想定外"に動揺しない）ことが必要となります。さらに，〈言葉遣い〉も重要です。「5段階の手順」でも示された，学習者が発した言葉をできるだけそのまま使う*ことも，鉄則です。その場での，生きたやりとりに即して，リフレクションは成立していくのが基本なのだと心得るべきでしょう。

＊p.33参照。

　ワーク中の応答は，否定的に応じないことが第一ですが，一方で，発言を認めたとたん，参加者が高揚感や満足感から熱くなり，堰を切ったように一方的に語り過ぎてしまう事態も起きますので，注意が必要です。

④ アシスタントやコーチ役以外のスタッフ

　アシスタントやコーチ役以外のスタッフは，できるかぎり黒子に徹する必要があります。コーチ役のサポートに尽力するのは当然ですが，同時に，できるだけその存在感を小さくするべきです。それは，学習者の没頭のためです。リフレクションの場に，コーチ役となる教育者と当事者である学習者以外の，〈第三者が存在すること〉は，冷静に客観視されているとも受けとめられかねず，学習者の気に障ることもあるのです。たとえ，静かに黙っておとなしく会場の隅で見学しているだけだとしても，学習者の中には，その存在が視界に入り，集中を削いだり，逸らすひともいるのです。その点からワークショップに見学者は置かないことです。

6 フォローアップに代えて

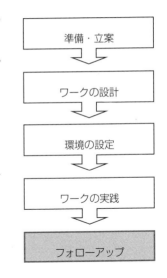

　本来，フォローアップは，追跡調査や補充措置，（自己）評価，など，各業界でそれぞれの有用性に応じた，事後の建設的な後始末に当てられます。教育者も，自らのコーチングやファシリテーションから学んでみることをお奨めします。

　ここではせっかくのリフレクションのワーク実施のフォローアップですから，「リフレクションしてみてください」と結びましょう。

　―本章を読んで，あなたは何をまなびましたか？

　―あなたのこれからに，どう活かせそうですか？

（矢野　博之）

おわりに

　本書を手に取っていただき，また最後まで読み進めていただき，ありがとうございました。ここに至るまでに，どこかでお伝えしておけばよかったのですが，本書は「リフレクション入門」という題名がついているものの，実際には「リフレクションをする側」よりも，むしろ「教育者」つまり「リフレクションを促す側」の視点からの言及が多く含まれています。これは，本書の話題の中心であったコルトハーヘン氏の著書や論文でも同様です。リフレクションを論じるにあたって，あえてこの点に注目する理由には，共通した一つの想い，願いがあります。本書を執筆したメンバーが集い，またコルトハーヘン氏と歩みをともにする理由であるともいえます。ここでは，まとめの代わりに，この想いについて記しておくことにします。

　これまで，私たちはコルトハーヘン氏と幾度となく接し，また多くのワークショップを受け，またワークショップのお手伝いをしてきました。そのワークショップにおいて，コルトハーヘン氏は「リフレクションを促す」という意味において"promote (one's) reflection"という言い方をしています。これを日本語に訳すと「リフレクションを促す」という訳文になるわけですが，同様に「促す」と訳される英単語として"facilitate"という動詞があります。今日では，日本でも「ファシリテーション」という言葉が，他者の○○を支援する，助けるという意味としてよく見かけるようになってきていますし，したがって"facilitate reflection"という言い方もできるように思われます。しかし，facilitate workshopという言い方はするものの，ことreflectionという目的語をとる場合には，多くの場合にpromoteという言葉を使っています。この違いにはどのような理由があるのでしょうか。

　Promoteの語源を調べると，move forward（前に動く）ということだそうです。一方で，facilitateについて調べると，その単語の一部を構成するfacileは，容易く（たやすく）させるという意味だそうです。さらには（内部のややこしいことはさておき）表面的なものをとらえる，という意味にもなるそうです。

　教育者中心から学習者中心へそして教えることから学ぶことへという考え方が中心になってきているといわれていますが，学校教育に限らず，成人の学習の場面においても，その時代はすでに到来しているといえるでしょう。コルトハーヘンから寄せられた前文にも，教育が変容する（transition in education）時と書かれています。その変容を一番に受けとめなければいけないのは，学習者よりもその役割が大きく変わるであろう教育者のほうではないでしょうか。そのことを念頭に置き，本書の第1部第1章では，学習とリフレクションとの密接な関係性について検討を進めてきました。効果的な学習プロセスを実現するには，リフレクションの営みが欠かせないということを，デューイ以来多くの実践者・研

究者が言及し続けています。広範な議論が積み重ねられてきていますが，すべてに共通するのは，学習者が自分自身で学習プロセスを紡ぎだし，その過程においてリフレクションが重要な役割を果たしているということです。

コルトハーヘンが，学習者を中心として，学習とリフレクションをどのように結びつけ，ワークショップとして展開しているのかについては，1部の1.2と1.3でそのエッセンスをご覧いただけたかと思います。ここでは，コルトハーヘンが提唱する理論とその背景，また実際に行われたワークショップの様子をまとめました。本文中でも触れましたが，コルトハーヘンに耳目が集まる理由の1つに，リフレクションのモデルや方法を提示したこと，そして自身でワークショップを実施し，提唱する理論をその場で具体的に実践，表現する点にあります。

コルトハーヘンが実施するワークショップの場面で徹底されるのは，学習者が学習の過程を意識できるようにすること（今・ここで）です。教える内容が決まっていて，それをいかに効率的に教えるかという流れと違って，学習者が自身の興味関心に沿って学習活動を進めていくということにおいては，教育者は常に学習者の様子に細心の注意を払い，学びたいという場面で適切に学べるような働きかけを行わなければなりません。1.3で取り上げたワークショップの中で，参加者から出た質問に対して，その場で実際に体験していることこそが，その回答となりうる，あるいは回答を検討するための材料となりうるという場面を紹介しました。その質問にコルトハーヘンが回答できたか，できなかったかという展開になると，主導権がコルトハーヘンに手渡されることになってしまいます。そうならない工夫として，その場での経験，体験を重視しているといえるでしょうし，ここに新しい教育者として果たすべき役割のエッセンスが詰め込まれているといえるでしょう。私たちがコルトハーヘンからよく受ける指摘の1つに，「教えすぎ」あるいは「説明しすぎ」とたしなめられることがあります。リフレクションをするにあたって，場面を想起する手助けをしたり，前提を明らかにする手助けをしたりと，学習者がリフレクションをしやすいようにと思ってやっていることが，学習者自身が考える機会を奪っていることに他ならないというわけです。

しかし，一方でコルトハーヘンは，何のプランもなく，まったく自由でフリーハンドに，場を構成し，学習者のやりたいようにやることが望ましい，ということを述べているわけではありません。

学習者の主体的な学びを保証しつつ，学習者がより効果的にリフレクションをするための環境構成や進行の工夫・方法があり得るということで，ALACTモデルや，8つの問い，あるいは5段階の手順などを開発し，紹介しています。

そこで，2部では，これらの方法を，具体的にどのように活用しうるのかについて，私たちのこれまでの実践をもとに紹介することにしました。本書を構成するにあたって，この実践編とも呼べる2部に紙幅をできるだけ多くさきたいと考えたことが，本書の1つの特徴であります。

2部の前半，2.3まではALACTモデルや8つの問いなど，コルトハーヘンから紹介されている方法を，私たちが日本における実践を通じてアレンジし，より活用しやすい方法

は何かという視点で紹介したものです。2.4のカードを使ったワークショップについては，コルトハーヘンの出身地でもあるオランダ・ユトレヒトに本部を構えている教員のための協会（教員協同組合）が開発したワークショップを参考に，リフレクションの営みが含まれるようにアレンジしたものです。

　2.5以降については，私たちがリアリスティック・アプローチとリフレクションに関するワークショップを実践していく中で編み出したワークショップのアイデアです。コア・リフレクションの要素を取り入れているのが特徴です。コルトハーヘンのコア・リフレクションの考え方は，英語やオランダ語の文献のみで，コルトハーヘン氏が来日の際に実施された，いくつかのワークショップの実践として紹介されているにとどまっていました。したがって，コア・リフレクションについては，その考え方（1部1.2）やワークショップの実践についても，本書が初出だといえるでしょう。

　南オレゴン大学のウィリアム・グリーン（William Greene），キム・ヤンヒー（Kim Younghee）の両名と，コルトハーヘンとの3名の共編著で2013年に出版された *Teaching and Learning from within* が，書籍として初めてコア・リフレクションに触れたものです。ただ，コア・リフレクションという言葉は副題に含まれているにとどまり，コア・リフレクションという言葉が題名となるのは，この後，2015年に出版された *Practicing Core Reflection* まで待つことになります。

　さて，Teaching and Learning from within という題名にも，ここまでに述べてきたコルトハーヘンのリフレクションや学びに対する考え方が強く出ているといえます。教えることも，学ぶこともいずれも，「内からのもの」が重要であるという意味で，その内からのものにアプローチするのがコア・リフレクションの考え方です。

　玉ねぎモデルを中心とする，コア・リフレクションモデルは2005年頃に登場してきており，したがって，それが実際のものになるまでに10年程度の歳月がかかっています。コルトハーヘンは，日本に2回，2010年と2014年に来日していますが，2010年の来日の際には，コア・リフレクションについての言及も，ワークショップの実践もありませんでした。2014年の来日の際には，「上級編」と位置づけられたワークショップでのみ，コア・リフレクションのワークショップの実践が行われました。

　このような展開になった理由にはいくつか考えられますが，やはりコア・リフレクションは，コア・クオリティというひとの内面に迫るところもあり，応用的なリフレクションの営みとして，学習者，教育者ともに，慣れ，経験，あるいは技術が必要なのだと思われます。

　本書で紹介したワークショップは，こうしたコア・リフレクションの要素を取り入れつつ，しかし，上述のような応用性をできるだけ省くように工夫しているものですので，すぐにでも実践できる部分も多く含まれていると思います。

　コア・リフレクションは，ひととしての「ありよう」との関連性が深いとされています。これも本文中に書いたことですが，コルトハーヘンは，「学びが中心」「学習者が中心」の時代になればなるほど，むしろ教育者としての「ありよう」が大事になってくると述べています。つまり，教える技術や方法を超えて教育者と学習者とのかかわりそのものが，学

習の成否に直結するということです。もちろん，これらの技術やことが不要であるということを意味するわけではなく，むしろこのことを追求すればするほど，誰がやっているのかという点がよりクローズアップされるということなのです。この主張は，ひとは一人ひとり異なるという考え方において，そのかかわりについても，当然のようにそれぞれ異なるということを私たちは経験的に知っていながらも，そういった側面をあまり前面に押し出してはならないという営みをしてきたように思います。しかし，そうは言いながらも，教育者一人ひとりが「善きこと」のために振る舞い，学習者とかかわるという営みが厳然として存在し，教育と学習に影響を及ぼしています。そのことについて問うのがコア・リフレクションの営みであり，結果として Teaching and Learning from within に繋がります。決して簡単なことではないことなのでしょうが，こうしたリフレクションの営みを1回だけではなく，継続的に行っていくことを通じて，「reflectiveness：リフレクティブネス」を獲得し，ひいては本来の意味での Reflective Practitioner に近づけるのではないかと考えています。

　本文中においてたびたび登場してきているコルトハーヘンらによる2001年の書籍 *Linking Practice and Theory – The pedagogy of Realistic Teacher Education* の翻訳版である『教師教育学』（学文社，2010年）はコルトハーヘンの理論を日本に紹介するにあたっての先駆けとなった書籍です。本書は『教師教育学』の続編では必ずしもありませんが，しかし『教師教育学』の出版と，それを手に取ってくださった皆さんがいなければ，本書も存在しえなかったことでしょう。そして『教師教育学』の翻訳にあたって監訳として携わり，出版に合わせてのコルトハーヘンの日本招へいに尽力され，今日の礎を築いた武蔵大学の武田信子教授に深く敬意を表す次第です。

　また，現在に至るまで，研究会やワークショップの場をともにし，数々のご指導，ご助言をいただいた皆様にも，この場を借りて厚く御礼申し上げます。最後に，本書を上梓するにあたり，出版をお引き受けいただいた学文社，また編集を担当していただいた落合絵理氏には，深く感謝の意を申し上げる次第です。本書の構想は，足掛け3年にも及ぶものであり，ここまでに至る紆余曲折のすべてに際してご尽力を賜りました。

　今後本書をきっかけとして新たにお逢いする皆様とも一緒に，リフレクションをもととした新しい時代の学びに向けて，歩をともに進められる機会に恵まれることを願いたいと思います。

2019年1月

執筆陣を代表して
一般社団法人 学び続ける教育者のための協会（REFLECT）
代表理事　坂田　哲人

引用文献

欧文献

Argyris, C. and D.A. Schön (1974) *Theory in Practice – Increasing Professional Effectiveness.* Jossey-Bass.

Charon, R. (2008) *Narrative Medicine: Honoring the Stories of Illness.* Oxford University Press. (リタ・シャロン著, 斎藤清二・岸本寛史・宮田靖志・山本和利訳『ナラティブ・メディスン』医学書院, 2011年)

Cranton, P. (1992) *Working with Adult Learners.* Wall & Emerson. (パトリシア・クラントン著, 入江直子・豊田千代子・三輪建二訳『おとなの学びを拓く―自己決定と意識変容をめざして』鳳書房, 2010年)

Csikszentmihalyi, Mihaly (1990) *Flow: The Psychology of Optimal Experience.* New York: Harper and Row.

Dressler, L. (2010) Standing in the Fire: Leading High-Heat Meetings with Clarity, Calm, and Courage, Berrett-Koehler Publishers. (ラリー・ドレスラー著, 森 時彦・佐々木 薫訳『プロフェッショナル・ファシリテーター』ダイヤモンド社, 2014年)

Fredrickson, B. (2009) *Positivity.* New York: Crown.

Evelein, F.G. and F.A.J. Korthagen (2015) *Practicing Core Reflection: Activities and Lessons for Teaching and Learning from Within.* Routledge.

Kolb, D. (1984) *Experiential Learning: Experience as the Source of Learning and Development.* Prentice-Hall.

Korthagen, F. A. J. (1993) Two Models of Reflection. *Teacher & Teacher Education,* 9(3), pp.317–326.

Korthagen, F. (2017) Inconvenient truths about teacher learning: towards professional development 3.0. *Teachers and Teaching,* 23(4), pp.387–405.

Korthagen, F. A. J. et al. (2001) *Linking Practice and Theory: The Pedagogy of Realistic Teacher Education.* London: Routledge. (F. コルトハーヘン編著, 武田信子監訳, 今泉友里・鈴木悠太・山辺恵理子訳『教師教育学―理論と実践をつなぐリアリスティック・アプローチ』学文社, 2010年)

Korthagen, F.A.J., Y.M. Kim and W.L. Greene (2013) *Teaching and Learning from within: A Core Reflection Approach to Quality and Inspiration in Education.* Routledge.

Korthagen, F. and B. Lagerwerf (1996) Reframing the Relationship between Teacher Thinking and Teacher Behaviour: Levels in Learning About Teaching. *Teachers and Teaching: Theory and Practice,* 2(2), pp.161–190.

Korthagen, F. and A. Vasalos (2005) Levels in Reflection: Core Reflection As a Means to Enhance Professional Growth. *Teachers and Teaching: Theory and Practice,* 11(1), pp.47–71.

Mezirow, J. et al. (1990) *Fostering Critical Reflection in Adulthood: A Guide to Transformative and Emancipatory Learning.* Jossey-Bass.

Schön, D.A. (1983) *The Reflective Practitioner: How Professionals Think In Action.* Basic books. (ドナルド・ショーン著, 柳沢昌一・三輪建二訳 (2007)『省察的実践とは何か』鳳書房)

van Manen, M. (1982) Phenomenological Pedagogy. *Curriculum Inquiry,* 12(3), pp. 283–299. (マックス・ヴァン＝マーネン著, 和田修二・皇紀夫編『臨床教育学』アカデミア出版会, 1996年,

pp.103-140)
van Manen, M.（1990）*Researching Lived Experience: Human Science for an Action Sensitive Pedagogy*. The University of Western Ontario.（マックス・ヴァン＝マーネン著，村井尚子訳（2011）『生きられた経験の探究』ゆみる出版）
van Manen, M.（1991）*The Tact of Teaching: The Meaning of Pedagogical Thoughtfulness*, SUNY.
van Manen, M.（2008）Pedagogical Sensitivity and Teachers Practical Knowing-in-Action. *Peking University Education Review*, 1, pp.1-23.

和文献
秋田喜代美・市川伸一（2001）「教育・発達における実践研究」南風原朝和・市川伸一・下山晴彦編『心理学研究法入門―調査・実験から実践まで』東京大学出版会，pp.153-190
市山康暢（2014）『ナラティヴ・ベイスト・メディスン入門』遠見書房
江口重幸・斎藤清二・野村直樹編（2006）『ナラティヴと医療』金剛出版
鯨岡峻（2005）『エピソード記述入門―実践と質的研究のために』東京大学出版会
鯨岡峻・鯨岡和子（2007）『保育のためのエピソード記述入門』ミネルヴァ書房
斎藤清二（2012）「ナラティブ・アプローチと物語能力について」『富山大学保健管理センター季刊ほけかん』No.58
佐伯胖・刑部育子・苅宿俊文（2018）『ビデオによるリフレクション入門：実践の多義創発性を拓く』東京大学出版会
佐藤一子・森本扶・新藤浩伸・北田佳子・丸山啓史（2005）「アクション・リサーチと教育研究」『東京大学大学院教育学研究科紀要』44, pp.321-347
やまだようこ編著（2000）『人生を物語る―生成のライフストーリー』ミネルヴァ書房

索　引

あ行

アイスブレイク　85, 89
アクション・リサーチ　54-58, 61
アージリス, C.（Chris Argyris）　5
頭でっかち　12, 13, 15-18, 27
ALACTモデル　9, 15, 23, 26, 38, 39, 41-43, 45-47, 105, 111
　　第1局面　39, 42, 45
　　第2局面　17, 39-44
　　第3局面　15-17, 39, 41, 44-46, 105
　　第4局面　18, 23, 39, 41, 105
　　第5局面　39, 45
暗黙知　4, 13
「今・ここ」（Here and Now）　29-31, 33, 35, 111
イメージカード　62-65, 68-70
ヴァン＝マーネン, M.（Max van Manen）　5, 78, 84
ヴィゴツキー, L.（Lev Vygotsky）　88
エレベーターモデル　48, 102
大文字の理論　21, 23, 31, 61
オノマトペ　49

か行

学問知（エピステーメー）　56
感情　17, 18, 24, 27, 47, 51, 63, 83, 102
技術的合理性　3, 6
　　――モデル　3
気づき　13, 15, 17, 21, 23, 52, 53, 83, 84, 86
教育実習　10
教育実習生／実習生　16, 17, 50, 54, 78, 80
教育者自身　2, 11
教育的契機　78, 79, 80
教育的な感受性　5
教師教育者　16, 17, 30
クリティカル・リフレクション　7
グリーン, W.（William Greene）　112
経験　56
経験から学ぶ　23
経験的学習　6
　　――サイクルモデル　6, 15
ゲシュタルト　8, 13, 14, 22, 56, 61, 63
ゲシュタルト心理学　13, 29
コア・クオリティ　24, 25, 27, 31, 72, 73, 75, 86-88, 93, 112

コア・リフレクション　23-25, 85, 87, 88, 93-96, 112, 113
行為の選択肢の拡大　16, 18, 23, 45, 105
行為の振り返り　16, 40, 44
5段階の手順　32-34, 56, 105, 108, 111
　　事前構造化　33, 34, 36, 56, 105
　　構造化　33, 34, 56, 57, 60, 105
　　焦点化　34, 36, 56, 61, 106
小文字の理論　21, 28, 34, 36, 41, 56, 57, 61, 106
コルトハーヘン, F.（Fred Korthagen）　i-iii, 2, 9-25, 28, 30, 31, 35, 36, 38, 39, 41, 46-48, 50, 51, 56, 61, 63, 71, 85, 87, 88, 92-94, 96, 102, 106, 107, 110, 112
コルブ, D.（David Kolb）　6, 15

さ行

佐伯胖　4
思考　17, 18, 24
　　――の4事象　14, 63
実践知（フロネーシス）　56
指導教諭　16
社会構成主義　19, 21
シャロン, R.（Rita Charon）　70
省察　i, 2, 4, 13, 38, 41, 63
ショーン, ドナルド（Donald Schön）　3, 4, 21, 54, 77
セリグマン, M.（Martin Seligman）　23, 24, 94
前提を疑う　7-9, 10
そもそも（の問い）　81, 83

た行

ダブルループ学習　5, 6
玉ねぎモデル　26, 27, 86, 94-96, 98, 99, 112
単なる振り返り　9, 13
チクセントミハイ, M.（Mihaly Csikszentmihalyi）　24-25, 101
チーム・ビルディング　62, 72, 73
沈黙というスキル　45
強み　24, 25, 27, 91-93, 95-100
デューイ, J.（John Dewey）　5, 23, 54, 110
取り組みの重点　58
ドレスラー, L.（Larry Dressler）　107

な行

ナラティブ・アプローチ　70
なんちゃってリフレクション　16
望み　18, 24, 47, 83

は行

パーソナル・スペース　106
発達の最近接領域　88
氷山モデル　18, 47, 48
ファシリテーション　28, 99, 108, 110
振り返り　i, iii, 4, 13, 17, 46
フレデリクソン，B.（Barbara Fredrickson）　102
フロー　25, 91, 101, 104, 107
ヘリコプター　29, 32
変容的学習　7
ポジティブ心理学　23, 94, 102
本質的な諸相　41, 44, 45
　　――への気づき　15-18, 21, 40, 46

ま行

前向きのリフレクション　71, 76

3つの思考レベル　22
メジロー，J.（Jack Mezirow）　7
メタファー（比喩）　80, 81, 83
メタ・リフレクション　11

や行

8つの問い　17-21, 23, 24, 26, 40, 41, 43, 46-48, 50-52, 60, 83, 86, 111
ヤンヒー，K.（Kim Younghee）　112
ユトレヒト大学　i, 9, 21
養成課程　9, 10
欲求　47, 102

ら行

リアリスティック・アプローチ　11, 28-35, 56, 105, 112
リフレクション・イン・アクション　3, 4
リフレクティブ・プラクティショナー（反省的実践家）　5, 6
理論づけ　2
理論と実践　11, 28, 33
レヴィン，K.（Kurt Lewin）　55

「REFLECT」とは　http://www.reflect.or.jp/

　REFLECTは，「学び続ける教育者のための協会」の英語名，"REFlective LEarning Community for Teaching"の略称です。学校や大学，企業，病院など，さまざまな場所や形で教育に携わる方々の支援とネットワークの構築を目指して2015年4月に一般社団法人として設立しました。

　教育者の役割は時代とともに変化するのが常ですが，近年では特に，知識をわかりやすく伝達するスキルから，学習者本人の意欲を引き出し，学習者の主体的で継続的な学びを促すスキルへと重視されるポイントが大きくシフトしてきているといえます。そして，このような変化は，学習者にリフレクションを促すことや，理論と実践を往還する教育プログラムをデザインすることなど，教える内容に左右されにくい，あらゆる分野の教育者に共通する課題を提起しています。

　本協会は，こうした背景を受け，学習者が自らの経験から学びを紡ぎ，専門的な概念や理論の理解までたどりつくための支援を行う教育者の役割やスキルについて，分野の垣根を越えて議論し，支援し合うネットワークの構築を目的としています。経験からの学びに不可欠であるリフレクションや，学習者の意欲やスキルを引き出すコーチング，問題解決能力の発達に寄与するファシリテーションなどの理論や手法に関するワークショップや研修を提供するほか，多分野の教育者同士のネットワークを育むことを目的とした実践報告会なども開催します。さらに，上述のようなスキルを身につけた教育者を養成する立場にある方々に対しても，独自にデザインしたワークショップや研修を提供します。最後に，こうした教育者のスキルや発達に関する学術書の出版および教材の開発を行っていきます。

　すべての分野において，「教える内容」が重要であることは間違いありません。しかし，その内容ができるかぎり確実に学習者に定着するようにしたいと望めば，学習者の「学び続ける」姿勢を促すことに関するさまざまな理論や手法が重要となります。また，技術の進歩に伴い，新しい知識が次々と誕生するような分野では，教育者が教え続けるよりも，学習者自身が「学び続ける」姿勢を身につけられるように促す方が現実的である場合もあります。つまり，「学び続ける」学習者を育てるために，「学び続ける」姿勢を促すことに関するさまざまな知識やスキルを，教育者もまた「学び続ける」必要性が生じているのです。

　本協会が，さまざまな分野で活躍する「学び続ける」教育者の方々の一助をなすことができれば幸いです。

REFLECTにできること
・リフレクションを中心とした情報の提供および収集
・ワークショップ・実践報告会の開催（会員・一般向け）
・研修の提供（機関・個人向け）
・プログラム開発などのサポート（機関・個人向け）
・出版・教材開発
・調査研究活動　など

著者紹介

坂田哲人（さかた　てつひと）（1.1, 1.3, おわりに）
大妻女子大学家政学部専任講師。慶應義塾大学大学院政策・メディア研究科博士課程満期退学。修士（政策・メディア）。専門は，学校や保育所をフィールドとした組織，人材開発およびマネジメント。主な著書に，「教員という人材をめぐる人材マネジメント論」（共著『現代の教育改革と教師』所収，東京学芸大学出版会，2011年），「組織における居場所とは」（共著『ワードマップ　コミュニティ心理学』所収，新曜社，2019年）他。

中田正弘（なかだ　まさひろ）（2.1, 2.3, 2.4）
白百合女子大学人間総合学部教授。東北大学大学院教育学研究科博士課程修了。博士（教育学）。専門は，社会科教育学，教師教育学，教育課程経営論。主な著書に，『ポジティブ＆リフレクティブな子どもを育てる学級づくり』（共著，学事出版，2020年），『ポジティブ＆リフレクティブな子どもを育てる授業づくり』（共著，学事出版，2020年），『実践・小学校社会科指導法』（共編，学文社，2021年）他。

村井尚子（むらい　なおこ）（2.5, 2.6）
京都女子大学発達教育学部教授。京都大学大学院教育学研究科博士後期課程満期退学。修士（教育学）。専門は，教師教育学（教師，保育者の養成と現職研修），教育哲学。主な著書に「親であることの教育学的考察―ヴァン＝マーネンの教育学の基底として」（共著『ランゲフェルト教育学との対話―「子どもの人間学」への応答』玉川大学出版部，2011年所収），『生きられた経験の探究―人間科学がひらく感受性豊かな〈教育〉の世界』（訳本，ゆみる出版，2011年）他。

矢野博之（やの　ひろし）（刊行によせて・訳，2.2, 2.9）
大妻女子大学家政学部教授。東京大学大学院教育学研究科博士課程満期退学。修士（教育学）。専門は，教師教育学，教育方法学，学校教育論。主な著書に『新・教職入門』（共編著，学文社，2014年），『こどもの世界』Ⅰ・Ⅱ・Ⅲ（編著，大学図書出版，2013年），『部活動　その現状とこれからのあり方』（共著，学事出版，2006年）他。

山辺恵理子（やまべ　えりこ）（1.2, 2.7, 2.8）
都留文科大学文学部准教授。東京大学大学院教育学研究科博士課程修了。博士（教育学）。専門は教育の倫理，教師教育学。主な著書・訳書に『ひとはもともとアクティブ・ラーナ！―未来を育てる高校の授業づくり』（共編著，北大路書房，2017年），『人材開発研究大全』（共著，東京大学出版会，2017年），『教師教育学―理論と実践をつなぐリアリスティック・アプローチ』（共訳，学文社，2010年）他。

リフレクション入門

2019年1月30日　第1版第1刷発行
2023年8月30日　第1版第4刷発行

編著　一般社団法人
　　　学び続ける教育者のための協会（REFLECT）

発行者　田中千津子

発行所　株式会社　学文社

〒153-0064　東京都目黒区下目黒3-6-1
電話　03（3715）1501（代）
FAX　03（3715）2012
https://www.gakubunsha.com

印刷　新灯印刷

ⓒREFLECT 2019
Printed in Japan
乱丁・落丁の場合は本社にてお取替えします。
定価はカバーに表示。

ISBN978-4-7620-2849-6